宪法实施、教育和监督研究丛书

（丛书主编◎范进学）

宪法
监督制度研究

张玉洁　著

上海人民出版社

2018年度教育部哲学社会科学研究重大项目《加强宪法实施、教育和监督研究》（项目批准号：18JZD036）

"宪法实施、教育和监督研究"丛书序

　　一部宪法史实际上是一部宪法实施、监督与教育的历史。任何一部宪法典的制定、颁布，都仅仅是一个国家的人民宪法美好生活的开端，能否达致立宪者的目的与意图，最重要的是体现全体人民意志、意愿与利益的宪法典文本规范能否得以全面有效实施；实施不力或没有实施，任何神圣的文本都将毫无用处，人们最终也无法过上所追求和向往的宪法美好生活。正是在该意义上，习近平总书记指出："宪法的生命在于实施，宪法的权威也在于实施。"可见，宪法实施之于宪法本身的意义之重大。然而，只要存在宪法实施，就会相伴而生的对宪法实施的监督问题，宪法遵守、宪法执行、宪法运用、宪法解释等作为主要的实施方式，如何保障应然的宪法典成为实然的宪法典，如何保证从宪法规范到规范宪法？因而，对宪法实施的监督制度与机制应运而生，换言之，宪法实施必然离不开监督，在我国，宪法实施的路径主要围绕法律的宪法实施与政治的宪法实施进行，法律化的宪法实施需要合宪性审查予以监督，政治性宪法实施离不开对"关键少数人"领导干部以及公职人员的监督。宪法监督成为保障宪法能否实施的关键。然而，无论宪法实施还是宪法监督，它们本身就是一部活生生的宪法教育教材，通过宪法实施与监督，使得人们的宪法权利与自由得以真正的实现与保障，从而使全社会成员养成尊法、守法、学法、护法的良好习惯与道德风尚。

　　党的十八大以来，以习近平同志为核心的党中央反复强调并高度重视加强宪法实施、教育和监督,对此形成了比较完整的宪法实施、监督与教育理论。第一,习近平总书记提出必须全面贯彻实施宪法的要求,要求要坚持不懈抓好宪法实施工作,把全面贯彻实施宪法提高到一个新水平。第二,新时代推进全面依法治国,必须加强宪法实施和监督,维护宪法尊严和权威,把国家各项事业和各项工作全面纳入依法治国、依宪治国的轨道,把实施宪法提高到新的水平。第三,完善宪法监督制度,积极推进合宪性审查工作,加强备案审查制度和能力建设,依法撤销和纠正违宪违法的规范性文件。第四,加强宪法学习宣传教育是实施宪法的重要基础。在全社会广泛开展尊崇宪法、学习宪法、遵守宪法、维护宪法、运用宪法的宣传教育,弘扬宪法精神。①

为了贯彻实施党中央和习近平总书记关于加强宪法实施、监督和教育的要求,笔者承担了教育部哲社重大攻关项目"加强宪法实施、教育和监督研究"。自本项目 2018 年获得立项以来,课题组成员以习近平法治思想为指导,从宪法实施、宪法监督、宪法教育三个维度对课题进行了深入细致的探讨与学术研究,并初步完成了《政治权利新论》《宪法监督制度研究》《宪法教育与法治教育》《宪法实施与法治理想》《合宪性解释研究》《宪法实施论》等专题学术成果。这些研究成果构成了本丛书的主要内容。

是为序。

范进学

2021 年 4 月 23 日

---

① 参见习近平:《在首都各界纪念现行宪法公布施行三十周年大会上的讲话》《切实尊崇宪法,严格实施宪法》《关于我国宪法和推进全面依法治国》,载《论坚持全面依法治国》,中央文献出版社 2020 年版。

目 录 CONTENTS

丛书序 / 1

前言 / 1

第一章 宪法监督的内涵与外延 / 1

一、"监督宪法的实施":"宪法监督"的文本依据 / 1

二、宪法监督与宪法实施 / 5

三、宪法监督与合宪性审查 / 9

四、宪法监督与宪法解释 / 13

五、本章小结 / 16

第二章 宪法监督的机关与机构 / 20

一、"机关"与"机构"之辨 / 20

二、全国人大与全国人大常委会的职责分工 / 25

三、宪法和法律委员会的定位 / 29

四、法制工作委员会的角色 / 37

五、宪法监督的其他主体 / 42

六、本章小结 / 73

第三章　宪法监督的内容与对象 / 76

一、规范的合宪性审查 / 76

二、行为的合宪性审查 / 86

三、政治问题审查 / 89

四、基本权利保障 / 100

五、宪法解释 / 109

六、本章小结 / 116

第四章　宪法监督的程序 / 121

一、宪法咨询的程序设计 / 121

二、事前控制的程序设计 / 137

三、事后审查的程序设计 / 155

参考文献 / 178

前　言

　　宪法监督是我国宪法实践中的一个重要问题。早在 1997 年,党的十五大报告就提出了"加强对宪法和法律实施的监督,维护国家法制统一"的要求。2002 年,党的十六大报告强调要"加强对执法活动的监督,推进依法行政,维护司法公正,提高执法水平,确保法律的严格实施"。同年 12 月 4 日,胡锦涛在首都纪念我国宪法公布施行 20 周年大会上讲话中指出要"全面贯彻实施宪法",提出"必须健全宪法保障制度,确保宪法的实施","要抓紧研究和健全宪法监督机制,进一步明确宪法监督程序,使一切违反宪法的行为都能及时得到纠正"。党的十七大报告再次强调要"加强宪法和法律实施"。2012 年 12 月 4 日,习近平在首都各界纪念现行宪法公布施行 30 周年大会上的讲话中提出了"保证宪法全面有效实施"的新要求,提出"要坚持不懈抓好宪法实施工作,把全面贯彻实施宪法提高到一个新水平";明确要求全国人大及其常委会要"通过完备的法律推动宪法实施,保证宪法确立的制度和原则得到落实";要求"国务院和有立法权的地方人大及其常委会要抓紧制定和修改与法律相配套的行政法规和地方性法规,保证宪法和法律得到有效实施";要求"全国人大及其常委会和国家有关监督机关要担负起宪法和法律监督职责,加强对宪法和法律实施情况的监督检查,健全监督机制和程序,坚决纠正违宪违法行为。地方各级人大及其常委会要依法行使职权,保证宪法和法律在本行政区域内得到遵守和执行"。2013年11月,《中共中央关于全面深化改革若干重大问题的决定》中提出,"要进一步健全宪法实施监督机制和程序,把全面贯彻实施宪法提高到一个新水平"。2014年10月,《中共中央关于全面推进依法治国若干重大问题的决定》中指出,要"完善以宪法为核心的中国特色社会主义法律体系,加强宪法实施","健全宪法实施和监督制度","完善全国人大及其常委会宪法监督制度,健全宪法解释程序机制。加强备案审查制度和能力建设,把所有规范性文件纳入备案审查范围,依法撤销和纠正违宪违法的规范性文件,禁止地方制发带有立法性质的文件"。党的十九大报告指出,要"加强宪法实施和监督,推进合宪性审查工作,维护宪法权威"。2018年3月21日,中共中央印发的《深化党和国家机构改革方案》提出,"为弘扬宪法精神,增强宪法意识,维护宪法权威,加强宪法实施和监督,推进合宪性审查工作,将全国人大法律委员会更名为全国人大宪法和法律委员会";"全国人大宪法和法律委员会在继续承担统一审议法律草案工作的基础上,增加推动宪法实施、开展宪法解释、推进合宪性审查、加强宪法监督、配合宪法宣传等职责"。党的十九届四中全会明确要求,要"推进合宪性审查工作,加强备案审查制度和能力建设,依法撤销和纠正违宪违法的规范性文件"。

加强宪法实施和监督的命题,早在1997年党中央就提出来了,其后,党中央的重要文件也反复确认、重申与强调。虽然宪法实施和监督的基本制度已经形成,但在现实中有待进一步全面贯彻落实。这就是为何最近的党中央文件不断强调要"加强"和"完善"宪法实施和监督。当前,如何严格按照党中央已经提出来的具体措施加以落实,提出具有可操作性、实施性的方案,已经成为研究的重点。本书即是在这一背景之下展开的。

本书主体部分分为四个章节。第一章讨论宪法监督的内涵与外延。

对于"宪法监督"一词究竟是何含义,包括哪些具体内容,学者的理解不尽相同。只有明确了本书使用的"宪法监督"一词的含义之后,此后的讨论才能够顺利展开。在文本上,宪法监督一词源自现行《宪法》的规定,在学界讨论和实践适用的过程中,宪法监督经常与宪法实施、合宪性审查以及宪法解释等语词相替换或相关联。因此本章从《宪法》规定的文本内容开始,通过对这几个相关概念的解释,厘清宪法监督概念的内涵和外延。

第二章讨论宪法监督的主体,分为机关和机构。宪法监督的机关是享有宪法监督权力的主体,宪法监督的机构则是在宪法监督机关之内具体进行宪法监督工作的组织。宪法监督机关和机构的区分与确定,对于后续讨论宪法监督的内容与对象和宪法监督的程序设计非常重要。在各种不同的主张中,本书基本上认可当前学界的通说,即宪法监督的机关是全国人大和全国人大常委会,宪法监督的机构是宪法和法律委员会与法工委。

第三章探索宪法监督的对象和内容。在世界各国的宪法监督体制中,对重要规范的监督都是其题中之义。除对规范的监督之外,许多国家的宪法监督机关也监督重要国家机关及其工作人员的行为。同样,在我国的宪法监督机制中,也包括对规范和行为的监督。对于宪法监督机关能够监督的规范和行为的范围,不同国家的规定也有不同,其中最重要的是政治问题是否审查。在我国以最高国家权力机关和立法机关进行宪法监督的体制中,对政治问题进行审查并无不妥。此外,宪法监督必然会涉及对宪法的解释,只不过在我国的特殊体制中,宪法解释包括独立性解释和附随性解释。只有附随性解释是宪法监督机制的组成部分。

第四章设计宪法监督的程序。在宪法监督的内涵、主体和对象范围确定之后,宪法咨询、事前控制和事后审查依循何种程序进行就是完善宪法监督制度的核心。在宪法咨询问题上,我国法律法规并未作出明确规定,因此需要就启动主体、启动事项、启动程序、咨询意见的出具与反馈,以及咨询意见的效力等各个方面提出建议。在事前控制问题上，根据《立法法》和相关法律法规的规定，对法律案的合宪性审查自动启动，因此启动的主体、事项和程序本书没有进行深入探讨。对于审查的程序，《立法法》也进行了较为细致的规定。需要进一步加以规定的是审查结果的出具和反馈与审查结果效力等问题。在事后审查的问题上，《立法法》和《法规、司法解释备案审查工作办法》已经就启动主体、启动事项、启动程序、审查程序、审查结果的出具和公布等问题作出了较为详细的规定，需要做的仅仅是就其中部分内容进行调整和充实，并对事后审查结果的效力予以明确。这些内容构成了本章的主要内容。

在我国的宪法监督机制中，还有两项重要内容本书未能涉及，即宪法监督的标准和方法。在主体、对象范围和程序基本确定之后，宪法监督机关和机构应当以何种标准和方法对规范和行为进行审查和监督，将是笔者下一步研究的重点。

第一章　宪法监督的内涵与外延

一、"监督宪法的实施"："宪法监督"的文本依据

在规范文本上，"宪法监督"一词源自我国《宪法》的规定。从中华人民共和国第一部宪法五四宪法开始，对全国人大职权的规定就使用了"监督宪法的实施"这一表述。五四宪法第 27 条规定："全国人民代表大会行使下列职权……（三）监督宪法的实施。"第 31 条项下虽然没有明确赋予全国人大常委会监督宪法实施的职权，但是规定："全国人民代表大会常务委员会行使下列职权……（五）监督国务院、最高人民法院和最高人民检察院的工作；（六）撤销国务院的同宪法、法律和法令相抵触的决议和命令；（七）改变或者撤销省、自治区、直辖市国家权力机关的不适当的决议。"从今天的普遍观点来看，监督其他国家机构的工作和撤销其他国家机构的不适当的决议和命令，属于"监督宪法的实施"工作中非常重要的一个组成部分。

七五宪法删除了五四宪法对全国人大和全国人大常委会职权的详细列举式规定，尤其删除了监督宪法实施的表述的内容。七五宪法第 17 条规定："全国人民代表大会的职权是：修改宪法，制定法律，根据中国共产党中央委员会的提议任免国务院总理和国务院的组成人员，批准国民经济计划、国家的预算和决算，以及全国人民代表大会认为应当由它行使的

其他职权。"第 18 条第 1 款规定:"全国人民代表大会常务委员会是全国人民代表大会的常设机关。它的职权是:召集全国人民代表大会会议,解释法律,制定法令,派遣和召回驻外全权代表,接受外国使节,批准和废除同外国缔结的条约,以及全国人民代表大会授予的其他职权。"在整部七五宪法中,出现"监督"一词的地方,仅仅在第 3 条第 3 款第 2 句:"原选举单位和选民,有权监督和依照法律的规定随时撤换自己选出的代表。"只有选举过程中原选举单位和选民对于人大代表的监督,人大及其常委会对其他国家机构的监督在七五宪法中不再强调。

七八宪法恢复了五四宪法对全国人大和全国人大常委会职权的详细列举式规定,也恢复了监督宪法实施的职权。七八宪法第 22 条规定:"全国人民代表大会行使下列职权……(三)监督宪法和法律的实施。"在七八宪法的规定中,全国人大不仅有权监督宪法的实施,也有权监督法律的实施。在这一点上,七八宪法拓展了五四宪法对全国人大职权的规定。但是对于全国人大常委会的职权,七八宪法则较五四宪法稍有缩减,例如第 25 条规定:"全国人民代表大会常务委员会行使下列职权……(四)监督国务院、最高人民法院和最高人民检察院的工作;(五)改变或者撤销省、自治区、直辖市国家权力机关的不适当的决议。"删除了五四宪法关于全国人大常委会"撤销国务院的同宪法、法律和法令相抵触的决议和命令"的规定。1979 年、1980 年两次对七八宪法的修改也并未触及全国人大和全国人大常委会的职权。

八二宪法在五四宪法的基础上进一步推动了我国的政治改革和法治发展,各方面都的确给人"面貌一新的感觉"。①在全国人大和全国人大常委会的职权规定上,八二宪法也对五四宪法和七八宪法的规定有所修正和创新。八二宪法第 62 条规定:"全国人民代表大会行使下列职权……

---

① 中央文献研究室编:《邓小平年谱》(1975—1997)(下),中央文献出版社 2004 年版,第 799 页。

(二)监督宪法的实施。"本条将全国人大的职权限制在监督宪法实施的范围内。第 67 条规定:"全国人民代表大会常务委员会行使下列职权:(一)解释宪法,监督宪法的实施;……(六)监督国务院、中央军事委员会、最高人民法院和最高人民检察院的工作;(七)撤销国务院制定的同宪法、法律相抵触的行政法规、决定和命令;(八)撤销省、自治区、直辖市国家权力机关制定的同宪法、法律和行政法规相抵触的地方性法规和决议。"八二宪法对全国人大常委会在宪法监督上的职权的规定同五四宪法基本相同,只是增加了监督中央军委工作的规定。

在八二宪法至今的五次修改中,只有 2004 年和 2018 年的后两次修改涉及全国人大和常委会的职权部分。其中,2004 年将第 67 条中"决定全国或者个别省、自治区、直辖市的戒严"改为"决定全国或者个别省、自治区、直辖市的紧急状态"。2018 年由于监察体制改革和监察委体系的确立,在第 62 条"关于全国人大职权"的规定中增加了一项"(七)选举国家监察委员会主任",在第 67 条"关于全国人大常委会职权"的规定中,将"(六)监督国务院、中央军事委员会、最高人民法院和最高人民检察院的工作"改为"(六)监督国务院、中央军事委员会、国家监察委员会、最高人民法院和最高人民检察院的工作",并增加一项"(十一)根据国家监察委员会主任的提请,任免国家监察委员会副主任、委员"。这些修改并未触及全国人大和全国人大常委会"监督宪法的实施"的明确职权和监督其他国家机构或撤销其他国家机构不适当的决议和命令等被认为属于"监督宪法的实施"职权中的内容。因此,可以说,从八二宪法至今,全国人大和全国人大常委会"监督宪法的实施"这一职权表述及其内涵,在宪法的规范文本上基本没有改变。

学界通常将"监督宪法的实施"简称为"宪法监督"。①例如,徐秀义和

---

① 参见胡锦光:《论我国合宪性审查机制中不同主体的职能定位》,载《法学家》2020 年第 5 期;林来梵:《中国的"违宪审查":特色及生成实态》,载《浙江社会科学》2010 年第 5 期。

胡文革认为,宪法监督制度是保障宪法得以顺利实施的一项基本制度,它通常是指在宪法典或宪法性法律中规定设置特定的机关,通过一定的诉讼程序审理国家机关、国家领导人和公民个人的违宪案件,并据此调整国家机关之间、国家机关领导人和公民个人之间及他们相互之间的关系,切实保证宪法在现实生活中得到贯彻和实施。[①]何华辉也认为,宪法监督即对宪法的实施进行的监督,它指的是保证宪法实施的各种保障措施。[②]张庆福、莫纪宏指出,宪法监督,顾名思义,就是对实施宪法的行为进行合宪性监督。[③]马岭认为,宪法监督应当是指对宪法实施行为进行的具有法律效力的监督。[④]孙谦和胡永革也指出,宪法监督制度是保障宪法实施的一种基本制度。它通过法定程序来审查和裁决立法和行政活动是否违宪,是处理国家机关之间权限争端等各种制度的总和。[⑤]皮纯协和任志宽认为,宪法监督是指根据宪法(或宪法性文件,宪法性的惯例)规定,拥有立法解释权或监督权的特定国家机关,依照一定的程序审查和裁决国家的法律、法令、命令、行政措施以及国家机关或领导人的行为是否同宪法的原则或内容相抵触以维护宪法的权威,维护法制的统一与尊严,保障宪法实施的制度。[⑥]蔡定剑指出,宪法监督是指特定的国家机关,为保障宪法的实施,对国家的根本性活动,主要是立法性活动是否合宪进行审查,并对违反宪法的行为给予纠正和必要制裁的专门活动。[⑦]董和平、韩大元和李树忠在《宪法学》一书中指出,宪法监督,就是由各方面力量所形成的一种督促、监控宪法和法律实施的网络体系。宪法监督的特点在于对各种

---

① 参见徐秀义、胡文革:《谈谈宪法监督制度》,载《学习与研究》1985 年第 8 期。
② 参见何华辉:《论宪法监督》,载《武汉大学学报》1982 年第 1 期。
③ 参见张庆福、莫纪宏:《关于我国的宪法监督制度》,载《人大工作通讯》1994 年第 20 期。
④ 参见马岭:《"违宪审查"相关概念之分析》,载《法学杂志》2006 年第 3 期。
⑤ 参见孙谦、胡永革:《宪法监督制度比较研究》,载《天津社会科学》1984 年第 6 期。
⑥ 参见皮纯协、任志宽:《完善宪法监督保障制度》,载《政治与法律》1986 年第 4 期。
⑦ 参见蔡定剑:《我国宪法监督制度探讨》,载《法学研究》1989 年第 3 期。

宪法主体行为的广泛监控和督促,从而形成一种依照宪法办事的社会氛围。①由此可见,"宪法监督"和"宪法实施"有着密切关系。下面就先来比较这两个词的内涵。

二、宪法监督与宪法实施

莫纪宏教授和上官丕亮教授曾经指出,宪法实施是我国宪法学理论与宪法实践中的一个重要话题。但是,长期以来学界缺乏系统性的研究,对"宪法实施"的概念仍然存在不同理解。②究其原因,在于我国现行《宪法》虽然明确提及了"宪法实施"一词,该词在《宪法》文本中出现了四次之多,但是《宪法》以及其他法律法规未对"宪法实施"这个概念作出明确、具体的解释。例如,许崇德教授认为:"宪法实施就是宪法在实际生活中适用,真实地发挥作用。"③这里的"宪法"是指全部宪法,包括宪法序言、宪法文本中的全部条款,"适用"主要是执法与司法中的宪法适用。胡锦光教授认为,宪法实施包括三个基本方面,其一是观念形态,如宪法意识、宪法信仰、宪法观念等;其二是制度形态,包括保障宪法实施的各种制度;其三是制度实施过程中的阶段,以及不同阶段存在的问题。④童之伟教授也认为,宪法实施就宪法文本或宪法的规定在国家或社会实际生活中的落实,包括宪法遵守和宪法适用。在许崇德、胡锦光和童之伟教授看来,宪法实施是一个含义非常宽泛的概念,从书面宪法到宪法落实过程中的所有问题都是宪法实施研究的对象。周叶中教授认为:"宪法实施是指宪法在实际生活中的贯彻执行,其内容即是将宪法文字上的、抽象的权利义务关系,转化为现实生活中生动的、具体的权利义务关系,并进而将

---

① 参见董和平、韩大元、李树忠:《宪法学》,法律出版社2000年版,第143页。
② 参见莫纪宏:《宪法实施状况的评价方法及其影响》,载《中国法学》2012年第4期;上官丕亮:《宪法文本中的"宪法实施"及其相关概念辨析》,载《国家检察官学院学报》2012年第1期。
③ 许崇德:《我国宪法与宪法的实施》,载《法学家》1998年第6期。
④ 胡锦光:《违宪审查与相关概念辨析》,载《法学杂志》2006年第4期。

体现在宪法规范中的人民意志转化为人们的行为（包括积极的作为和消极的不作为）。"①上官丕亮教授认为，"宪法实施是宪法的具体条文规定及其原则精神在现实生活中的贯彻落实，是指国家机关、社会组织和公民个人在现实生活中遵守和执行宪法的具体条文规定及其原则精神的活动"。②周叶中和上官丕亮教授的宪法实施概念强调宪法在具体生活中的落实。张友渔先生认为，宪法实施就是通过制定法律以贯彻实施宪法。③刘惊海教授强调，"宪法实施就是指宪法的实现，指各种宪法规范转化为现实的宪法关系，使社会活动依照统治阶级的整体意志展开，形成事实上的法制，落实具体化的民主。从静态看，它是一种结果，一种社会被人控制后的状态；从动态看，它是一个过程，一种人的行为与意志化了的规范相结合、统一、协调的活动"。④马克思主义理论研究和建设工程重点教材《宪法学》一书中指出，"所谓宪法实施，是指宪法在国家现实生活中的贯彻落实，是使宪法规范的内容转化为具体社会关系中的人的行为。法律实施是宪法实施的重要环节，就国家机关而言，立法机关依据宪法制定法律，将宪法原则和规定予以具体化，行政机关依据法律作出行政行为，司法机关依据法律作出裁判，如果其行为违反了法律，可以通过法律机制予以纠正并追究法律责任，使之严格依法行使职权。就社会组织和个人而言，如果其行为违反了法律，要承担相应的法律责任。法律得到实施，便意味着通过法律得到具体化的宪法实质上也得到了实施。"⑤以上观点倾向将宪法实施解释为宪法通过法律的间接实施。韩大元和范进学教授则强调宪法实施与宪法作用之间的关系，尤其是限制公权力、保障公

---

① 周叶中：《宪法实施：宪法学研究的一个重要课题》，载《法学》1987年第5期。

② 参见上官丕亮：《宪法文本中的"宪法实施"及其相关概念辨析》，载《国家检察官学院学报》2012年第1期。

③ 张友渔：《进一步研究新宪法，实施新宪法》，载《中国法学》1984年第1期。

④ 刘惊海：《宪法实施的特点、条件、过程、结果》，载《当代法学》1988年第2期。

⑤ 《宪法学》编写组：《宪法学》，高等教育出版社、人民出版社2011年版，第296页。

民权利这一宪法的最重要功能。韩大元教授以"宪法治理"这个更加具有动态意味的概念解释宪法实施,认为宪法实施就是将一切经济、政治、社会、文化生活,逐步纳入以宪法为核心的法治轨道,以"限制国家权力"和"保障人权"的核心价值精神建构国家体制,通过实施宪法为国家与社会的和谐、稳定发展提供法律基础。①范进学教授也指出,是否有通畅有效的权利救济途径才是宪法实施的最终判断标准。②

　　我国学界虽然对"宪法监督"是"宪法实施"的词义尚未达成共识,但是一般认为,"宪法监督"是"宪法实施"项下的一个内容。例如,蔡定剑教授就从三个层面提出了广义的宪法实施的概念:宏观层面上包括宪法保障和宪法实施,这个层面上的"宪法实施是相对宪法制定而言的概念,是指把宪法文本转变为现实制度的一套理论、观念、制度和机制";中观层面包括宪法监督和宪法适用;微观层面或宪法实施操作层面上指违宪审查(司法审查)和宪法诉讼。③韩大元和张翔教授指出,"宪法的实施包括三个阶段:宪法的执行和遵守阶段、宪法的适用阶段以及宪法的监督实施阶段。"④"宪法的执行和遵守阶段是指,公民、法人、社会团体、其他组织自觉地根据宪法的规定,按照宪法的要求进行活动,遵守和执行宪法、使宪法关于国家权力和公民基本权利的规定在现实生活中得以贯彻执行。宪法的适用阶段是指,国家权力机关为保障宪法实施制定法律;国家行政机关为保障宪法的执行制定行政法规、部委规章;国家司法机关依照职权对各种违反宪法的行为予以制裁,处理涉及侵犯个人基本权利的案件;地方国家机关为保障宪法的实施制定地方性法规、自治条例和单行条例、地方政府规章以及其他规范性文件;以及国家行政机关为保障宪法实施作出

---

① 参见韩大元:《宪法实施与中国社会治理模式的转型》,载《中国法学》2012 年第 4 期。

② 范进学:《建构以权利救济为核心的宪法实施制度》,载《法学论坛》2016 年第 2 期。

③ 参见蔡定剑:《宪法实施的概念与宪法施行之道》,载《中国法学》2004 年第 1 期。

④ 韩大元、张翔等:《宪法解释程序研究》,中国人民大学出版社 2016 年版,第 41 页。

的各种具体行为。宪法的监督实施阶段是指,宪法监督机关行使监督宪法实施的权力,对宪法适用阶段国家各机关适用宪法的活动的合宪性进行审查和监督"。①贾宇教授指出,宪法实施机制主要包括宪法修正、宪法解释、宪法监督、成立特别委员会进行调查等。②在蔡定剑和贾宇的界定中,狭义的宪法监督即宪法审查,是宪法实施一个重要组成部分。苗连营教授更是直接指出,宪法实施的核心是对公权行为的合宪性进行审查与监督。③上官丕亮教授也指出,"宪法实施包括宪法遵守、宪法执行、宪法运用、宪法解释、依宪立法、依宪解释等,其中宪法监督是一种特殊的宪法实施方式"。④学者赫然也认为,"宪法实施的途径包括宪法遵守、宪法解释、宪法监督、宪法修改等,其中宪法监督是宪法实施的核心内容。宪法实施主要由两部分构成:一是宪法适用,即一定国家机关对实施宪法的行为进行的干预;二是宪法遵守,即一切国家机关、社会组织和公民个人严格依照宪法的规定从事各项行为"。⑤当然,也有学者持反对意见,例如马岭教授认为,"宪法实施主要指议会实施宪法的行为,包括宪法执行和宪法遵守,但不包括宪法监督与宪法适用"。⑥

事实上,在国外的讨论中,宪法实施的概念和宪法审查或狭义的宪法监督基本上是同义的。莫纪宏教授就曾经指出,国外宪法学理论中一般不会涉及宪法实施的问题,绝大多数国家的法律体系不会独立和专门地强调宪法实施的价值,它们的研究重点都在于如何解决宪法监督和适用问题,即如何对违宪的行为进行审查,以及如何在具体情况中以宪法为依

---

① 韩大元、张翔等:《宪法解释程序研究》,中国人民大学出版社2016年版,第41页,注1。
② 参见贾宇:《宪法实施的主要路径》,载《人民法院报》2014年12月4日,第5版。
③ 参见苗连营:《宪法实施的观念共识与行动逻辑》,载《法学》2013年第11期。
④ 参见上官丕亮:《法律适用中的宪法实施:方式、特点及意义》,载《法学评论》2016年第1期。
⑤ 参见赫然:《我国宪法实施的制度路径》,载《吉林日报》2015年3月3日,第8版。
⑥ 参见马岭:《"违宪审查"相关概念之分析》,载《法学杂志》2006年第3期。

据作出裁断。①例如,劳伦斯·基恩·菲戈（Lawrence Gene Sager）1978 年在《哈佛法学评论》上发表的《未强制实施的宪法规范的法律地位》一文,就是从联邦法院的角度探讨未被强制实施的宪法规范需要联邦法院的司法实施问题。②理查德·法林（Richard H. Jr. Fallon）1997 年在《哈佛法学评论》上发表的《实施宪法》一文和 2001 年出版的《实施宪法》一书,均是针对美国最高法院在审理宪法案件时适用的宪法解释方法、标准、原则以及具体审理的案件进行的系统总结与梳理。③

三、宪法监督与合宪性审查

在"合宪性审查"概念提出之前,我国学界经常将狭义的"宪法监督"与"违宪审查""宪法审查"等概念互换使用。例如,马克思主义理论研究和建设工程重点教材《宪法学》就是以"宪法监督"为第八章第二节的标题,以"我国的宪法监督制度"为第八章第三节的标题,其下讨论的是世界各个国家和我国的宪法审查制度。④2014 年 10 月,党的十八届四中全会提出要"完善全国人大及其常委会宪法监督制度,健全宪法解释程序机制。加强备案审查制度和能力建设,把所有规范性文件纳入备案审查范围,依法撤销和纠正违宪违法的规范性文件"。这个时候"宪法监督"和"宪法审查"等概念尚未完全区分。

在中国知网搜集整理的论文中,最早使用"合宪性"这一概念的文章是发表在《法学译丛》1979 年第 6 期上,由潘汉典先生翻译的《法国对法

---

① 参见莫纪宏:《宪法实施状况的评价方法及其影响》,载《中国法学》2012 年第 4 期。

② See Lawrence Gene Sager, *The Legal Status of Underenforced Constitutional Norm*, 91 Harvard Law Review 1212(1978).

③ See Richard. H. Jr. Fallon, *Implementing the Constitution*, 111 Harvard Law Review 54(1997); Richard. H. Jr. Fallon, *Implementing the Constitution*, Harvard University Press, 2001.

④ 《宪法学》编写组:《宪法学》,高等教育出版社、人民出版社 2011 年版,第八章。

律合宪性的监督》一文。此后逐渐出现了一些研究宪法监督和违宪审查制度的文章和译文。其中在我国法律制度框架之内谈论"合宪性"问题的,在能够检索到的论文中,最早的是李忠发表在 1999 年第 3 期《法商研究》上的《国家机关行为的形式合宪性问题》。随后,季卫东、胡锦光等学者也使用过这一概念。①

2017 年 10 月,党的十九大报告提出要"加强宪法实施和监督,推进合宪性审查工作,维护宪法权威"。这里既出现了"宪法监督",也出现了"合宪性审查",前者是需要加强的工作,后者则是需要推进的工作。这意味着"宪法监督"和"合宪性审查"并非同一种工作。"宪法监督"已经在一定程度上有所实践,但是强度仍然不够,需要强化实施。"合宪性审查"工作则尚未完全展开,需要通过一些措施促进和推动其进行。"合宪性审查"在我国的语境中,类似于"宪法审查"或"违宪审查",或者至少在一定程度上包括后两个词囊括的含义。在十九大报告之后,"宪法监督"的内涵逐渐和"合宪性审查"区分开来。

有些学者认为,"宪法监督"包括"合宪性审查","宪法监督"是"合宪性审查"的一个上位概念。②例如李忠夏教授主张:"从合宪性审查的双重属性来看,'宪法监督'更适合作为政治性的安排,'宪法解释'更适合作为法律性的安排。作为法律性安排的宪法解释,应由全国人大常委会结合具体争议,借助法律解释技术展开说理和论证。全国人大和全国人大常委会有必要针对这两种制度安排作出更为细致的规定,即在全国人大宪法和法律委员会、全国人大常委会法制工作委员会相应工作的基础上,对宪法监督和宪法解释的事项进行适度区分。例如,可以将权限争议、党内

---

① 参见季卫东:《合宪性审查与司法权的强化》,载《中国社会科学》2002 年第 2 期;胡锦光:《婚检规定宜引入合宪性审查》,载《法学》2005 年第 9 期。
② 参见胡锦光:《论我国合宪性审查机制中不同主体的职能定位》,载《法学家》2020 年第 5 期。

法规的合宪性审查、政党意志的合宪性确认、全国人大/全国人大常委会决议的合宪性审查、政治民主程序的合宪性确认等纳入宪法监督事项,将由最高人民法院移交的需附带进行合宪性审查的案件纳入宪法解释事项。"①

也有学者将"宪法监督"与"合宪性审查"视为一种交叉概念。例如秦前红教授和底高扬就认为,我国"合宪性审查制度的确立经历了宪法监督、备案审查、'宪法司法化''违宪审查'等尝试或探索的过程,其中,'宪法司法化'(至少目前)已经被否定,其他具体机制得到了宪法或法律的确认。也就是说,在全国人大及其常委会负责宪法监督的整体的开放性框架下,中国建立了一种融宪法监督、备案审查、'违宪审查'、合宪性审查于一体的复合式宪法监督制度体系。中国合宪性审查制度建设不是一个理性的构造过程,主要是一个经验的积累过程。执政党政治资源的转换催生了合宪性审查制度,但合宪性审查制度不是中国宪法监督制度的终极形态。"②在这里,秦前红和底高扬的"宪法监督"概念既有作为"合宪性审查"概念的上位概念的,例如在说"中国建立了一种融……合宪性审查于一体的复合式宪法监督制度体系"和"合宪性审查制度不是中国宪法监督制度的终极形态"时,即在与"制度"二字相连时,"宪法监督"就是"合宪性审查"的一个上位概念。但是在"宪法监督制度"之下,还有一个与"合宪性审查"平级的"宪法监督"概念,即在"合宪性审查制度的确立经历了宪法监督、备案审查、'宪法司法化''违宪审查'等尝试或探索的过程"和"融宪法监督、备案审查、'违宪审查'、合宪性审查于一体"等表述中的"宪法监督"概念。

更多学者仍然习惯于将"宪法监督"和"合宪性审查"两个词交替使用。例如于文豪教授指出:"在1981年起草宪法修改草案的过程中,宪法

---

① 李忠夏:《合宪性审查制度的中国道路与功能展开》,载《法学研究》2019年第6期。
② 秦前红、底高扬:《合宪性审查在中国的四十年》,载《学术界》2019年第4期。

修改委员会秘书处先后设计了实效化宪法监督制度的五个方案：一是全国人大设宪法委员会，作为全国人大'审理重大违宪问题的机关'；二是全国人大常委会设宪法委员会，协助常委会监督宪法的实施；三是由最高人民检察院行使宪法监督权；四是全国人大'设立宪法法律委员会'等专门委员会，大会闭会期间受常委会领导；五是在第二章'国家机构'中规定'全国人民代表大会宪法委员会'一节，宪法委员会是全国人大'审理违宪问题的机关'。"①在这里的"宪法监督"，就与"合宪性审查"或"宪法审查"同义。韩大元曾指出"宪法和法律委员会是全国人大的专门委员会，是合宪性审查与法律草案的审议功能有机结合的混合型、开放性与综合性的机构，主要承担宪法监督与实施的职能"②，其中，"宪法监督"和"合宪性审查"也基本同义。类似的还有郑贤君教授，她认为"宪法和法律委员会在统一审议法律草案之外的五种职责，肯定两种意义上的合宪性审查：一为立法过程中审议法律草案；一为宪法监督意义上的合宪性审查"③，也暗含了"宪法监督"与"合宪性审查"两词含义的互通。此外，胡锦光教授曾指出，"早期的欧洲国家，虽制定了宪法，但宪法是由议会按照与法律相同的程序制定的，宪法与法律只是在规定的内容上存在分别，而在效力上却是完全相同，因此，在相当长的时期内没有真正建立起宪法监督制度"④，以及陈云生在区分宪法解释在依附宪法监督决定和不依附宪法监督决定的两种面向上的效力时，⑤均是将"宪法监督"理解为与"合宪性审

① 于文豪：《宪法和法律委员会合宪性审查职能的展开》，载《中国法学》2018 年第 6 期。
② 韩大元：《从法律委员会到宪法和法律委员会：体制与功能的转型》，载《华东政法大学学报》2018 年第 4 期。
③ 郑贤君：《全国人大宪法和法律委员会的双重属性——作为立法审查的合宪性审查》，载《中国法律评论》2018 年第 4 期。
④ 胡锦光：《论设立"宪法和法律委员会"的意义》，载《政法论丛》2018 年第 3 期。
⑤ "在宪法解释依附于宪法监督的情形下，宪法解释被内含宪法裁判的理由之中，从而表现为一种裁判理由的效力。而由于我国宪法监督的抽象性特征，宪法解释作为宪法裁判理由的效力与欧洲大陆国家的情形大致相当。"陈云生：《论宪法解释的效力：一个反思性研讨》，载《浙江社会科学》2008 年第 9 期。

查"或"宪法审查"同义。

四、宪法监督与宪法解释

根据《宪法学》一书中对宪法解释的分类,从解释主体和解释效力的角度,宪法解释可以分为两类:有权解释和无权解释。有权解释指宪法解释机关对宪法所作的具有权威效力的解释。与之相对应的是无权解释,指除宪法解释机关之外的其他组织和公民对宪法所作的不具有权威效力的解释。[①]其中有权解释包括宪法监督中附随的解释和独立于宪法监督的专门解释,无权解释指的是宪法监督之外的宪法执行和宪法适用过程中的附随解释。韩大元和张翔教授区分了两种类型的宪法解释权,一种是专职化的宪法解释权,另一种是派生性的宪法解释权。专职化的宪法解释权是"宪法或法律明文规定将这种权力授予某个机构行使",派生性的宪法解释权则"并没有在国家生活中成为一种专职的国家权力,这种宪法解释的权力直接来源于该主体所享有的其他权力"。派生性的宪法解释"大量地存在于宪法实施之中",即在宪法执行、宪法适用和宪法监督过程之中,因为派生性的宪法解释是宪法执行、宪法适用和宪法监督行为的必要延伸。在对宪法规定进行执行、适用和对相关规范和行为进行审查和监督的时候,必然需要对宪法的含义作出解释。[②]对相关规范和行为进行审查和监督的主体就是我们一般所讲的宪法监督主体,由于宪法监督在宪法实施中具有终局性,因此这一主体作出的宪法解释,尽管是派生性的,却一定具有权威性。[③]宪法监督主体作出的宪法解释属于《宪法学》一书中列明的"有权解释"。在宪法执行和宪法适用中对宪法的解释也是必

---

① 参见《宪法学》编写组:《宪法学》,高等教育出版社、人民出版社2011年版,第37页。该书的用语是"有权解释"和"学理解释",但是从语词上来讲,"有权解释"应当对应"无权解释",该书的"学理解释"其实与"无权解释"含义相同。

② 参见韩大元、张翔等:《宪法解释程序研究》,中国人民大学出版社2016年版,第41页。

③ 参见韩大元、张翔等:《宪法解释程序研究》,中国人民大学出版社2016年版,第42页。

然的,但是从程序和制度设计上来说,宪法执行和宪法适用并不具有终局性效力,具有终局性效力的是宪法监督的结果。因此,宪法执行和宪法适用中进行的附随性宪法解释也不具有终局性。①此类派生性宪法解释属于"无权解释",专职化的宪法解释属于有权解释。既然专职化的宪法解释权是宪法或法律明确规定由某个机构行使的,那么这一机构作出的宪法解释就一定具有权威性和终局性。陈云生也区分了两种面向的宪法解释,一种是依附于宪法监督的宪法解释,这种"宪法解释被内含宪法裁判的理由之中,从而表现为一种裁判理由的效力。而由于我国宪法监督的抽象性特征,宪法解释作为宪法裁判理由的效力与欧洲大陆国家的情形大致相当"。第二种宪法解释是非依附于宪法监督的宪法解释,在我国就是由全国人大常委会主动作出的宪法解释。这种"宪法解释应被认为是原宪法规范内容的进一步澄清,而非独立的规范创制行为。因此,此种宪法解释亦应与原宪法规范相结合方才具有意义与效力,并不具有独立性"。②第一种面向的宪法解释就类似于韩大元和张翔提出的宪法监督权中派生出的宪法解释权,第二种面向的宪法解释就类似于他们提出的专职化的宪法解释权。

有学者将"宪法解释"与"宪法实施"的概念联系在一起。例如郑贤君教授认为,宪法实施是一个在价值位阶与文本规范地位上俱高于宪法解释的概念。长期以来,我国学界遵循宪法解释等同于宪法争议裁决的思维惯性,在将法官作为宪法解释唯一主体的同时,也将其他国家机关排除在宪法解释主体的大门之外,结果导致理论与实践中司法中心主义的宪法实施与宪法解释理论占据支配地位,忽视民众与其他国家机关的参与。这既是对宪法文件属性的不当理解,也影响并阻碍了我国宪法实施理论的拓展,局限了其他国家机关运用宪法赋予的实施宪法的权力空间。这种观点其实将宪法解释视为以司法为中心的宪法监督行为的附随行为。

---

① 参见韩大元、张翔等:《宪法解释程序研究》,中国人民大学出版社 2016 年版,第 43 页。
② 陈云生:《论宪法解释的效力:一个反思性研讨》,载《浙江社会科学》2008 年第 9 期。

郑贤君进一步指出,在澄清宪法解释是对宪法规范含义确定与查明的前提下,宪法解释不应当等同于宪法争议裁决,作为规范含义查明的宪法解释是有权实施宪法的各国家机关共同分享的权力。在此意义上宪法解释等同于宪法实施。①在后一种意义上的宪法解释,其含义较宪法监督更广。

不过,笔者更倾向采取狭义的宪法解释概念,即仅指权威性和终局性的宪法解释,以此在一定程度上解决学者之间因概念使用不同所导致的无谓争论。本书随后所用之宪法解释的含义,仅指专职化的宪法解释和宪法监督过程中派生出的宪法解释。除宪法解释和宪法监督机关外,其他国家机关和内部机构(以下统称国家机构)在宪法执行和宪法适用过程中所必须进行的对宪法的解释,可以称之为"宪法理解"。其他组织和个人(包括学者和科研机构)对宪法的解释,则可以称之为"宪法认识"。②《宪法学》一书中单纯区分"有权解释"和"无权解释",笔者认为有待细化。国家机构对宪法的解释是在立法、行政、司法或监察过程中所必须作出的对宪法的解释,这些解释尽管对外不具有拘束力,也并非终局性的宪法解释,但是却在实质上承担着相关法律、政策或决定所作出的依据的功能。在这个意义上,国家机构对宪法的理解不同于其他组织或个人对宪法的认识。将国家机构的宪法理解与宪法解释相区分,在于强调"解释"具有对外的终局性和权威性效力,而"理解"仅仅是内部活动,只有理解外化为规范才具有外部效力。正如个体对某规范的理解可能是其外部行为的依据,可是这一理解却不能约束其他人。"理解"和"认识"的区分则在于,认知是一种更加个体化的经验,是个人对于宪法含义的认知和识别,宪法认

---

① 参见郑贤君:《宪法实施:解释的事业——政治理论的宪法解释图式》,载《法学杂志》2013年第12期。

② 这两个词语的选择借鉴了梁鹰在《法制日报》2019年12月10日的报道"党的十九届四中全会要求'落实宪法解释程序机制'首个正式宪法解释案值得期待"中的一段话,宪法解释"既包括正式立法意义上的、以宪法解释案形式出现的、程式化的解释,也包括在审查过程中阐释性的对宪法有关内容的认识、理解和把握。"法制网,来源网址:http://epaper.legaldaily.com.cn/fzrb/content/20191210/Articel06002GN.htm,最后访问日期:2020年6月12日。

识并不产生对他人具有拘束力的规范,仅仅指引个人的思考和行为。①笔者这里对"解释""理解"和"认识"的区分在一定程度上与诠释学和哲学的基本理念有相通之处,即理解是普遍的、无处不在的,是解释的基础与前提,解释则是理解的结果与外化;②认识则是主体以自己为中心探知客观世界的活动。③但是值得注意的是,解释、理解和认识却并非完全的诠释学或哲学概念,宪法理解和解释并非所有主体有意义的存在于此世的方式,④宪法认识更不是与解释和理解相对立的、不以主体意志为转移的过程。⑤

五、本章小结

在 2017 年 10 月党的十九大报告提出"合宪性审查"一词与"宪法监督"一词并列之后,学界对于"宪法监督"一词的概念逐渐形成了四种基本观点。第一种可以称之为最广义的宪法监督。这一种"宪法监督"与"宪法实施"的含义相关,指对所有涉及宪法贯彻落实事项的监督。能够进行监督的主体不仅包括我国《宪法》明确规定的全国人大和全国人大常委会,也包括《宪法》序言中规定的"负有维护宪法尊严、保证宪法实施的职责"的"全国各族人民、一切国家机关和武装力量、各政党和各社会团体、各企业事业组织"。监督的对象不仅仅是国家机构,还包括"全国各族人民……各政党和各社会团体、各企业事业组织"。监督的内容同样既包括

---

① 因此,笔者这里对"解释""理解"和"认识"的区分并非黄明涛教授所说之"似是而非、削足适履"。黄明涛:《两种"宪法解释"的概念分野与合宪性解释的可能性》,载《中国法学》2014 年第 6 期,注 44。

② 参见[德]马丁·海德格尔:《存在与时间》,陈嘉映、王庆节译,生活·读书·新知三联书店 1987 年版,第 181—182 页。

③ 关于理解和认识之间的差异,可参见[美]理查德·罗蒂:《哲学与自然之镜》,生活·读书·新知三联书店 1987 年版,第 285 页。

④ 关于诠释学的理解和解释概念,可参见张汝伦:《意义的探究——当代西方释义学》,辽宁人民出版社 1987 年版,第 74—80、128 页。

⑤ 关于认识与解释、理解的区别,可参见庄友刚:《"理解"与"认识"——论解释学与认识论研究对象的区别》,载《苏州大学学报》2002 年第 2 期。

国家机构的行为是否符合宪法,也包括"全国各族人民……各政党和各社会团体、各企业事业组织"的行为是否"以宪法为根本的活动准则"。这一含义的"宪法监督"可以称之为"保障宪法的实施"。陈云生也区分了广义和狭义的宪法监督。广义的宪法监督是对有关宪法的活动实行全面的监督,从监督的主体来说,除了宪法监督的专职机关以外,还包括其他国家机关、政党、人民团体、群众组织,以及公民;从宪法监督的对象看,既包括国家机关的立法活动、行政活动、司法活动,也包括公民个人的活动以及公民的组织如政党、人民团体群众组织等的活动。①李忠也指出,"宪法监督主要包括两种情况,一种是宪法监督专门机关对国家机关、特定个人或者其他组织的违宪行为或者有关机关在适用宪法过程中产生的争议进行监督和审查,并对违宪行为给予制裁;另一种是除宪法监督专门机关之外的其他国家机关、社会团体、政党组织和公民个人对宪法的监督和制约。第一种情况是从制度的意义上论述宪法监督,可称之为'制度意义上的宪法监督';第二种情况是从一般意义上论述宪法监督,可称之为'一般意义上的宪法监督'"。②这里的广义的宪法监督和"一般意义上的宪法监督"加"制度意义上的宪法监督"与本书所称之最广义的宪法监督含义基本一致。

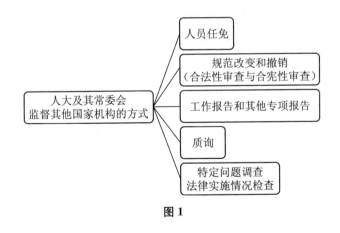

图1

①　参见陈云生:《民主宪政新潮》,人民出版社 1988 年版,第 7 页。
②　参见李忠:《宪法监督论》,社会科学文献出版社 1999 年版,第 4 页。

第二种是较广义的宪法监督。这一种"宪法监督"的概念类似于从我国宪法规定的"监督宪法的实施"中浓缩而来的"宪法监督"的内涵，即由全国人大及其常委会对相关国家机关贯彻落实宪法情况的监督。与最广义的宪法监督的含义不同，在这里，能够进行宪法监督的仅有我国《宪法》明确规定的全国人大和全国人大常委会，监督的对象也主要是国家机构，监督的内容是国家机构的行为(包括抽象立法行为和具体行为)是否符合宪法。在这一宪法监督概念之下，不仅全国人大及其常委会进行的合宪性审查工作属于宪法监督的一个组成部分，对其他国家机构工作的监督、听取工作报告和其他专项报告、人员任免、组织特定问题调查、法律实施情况检查、提出质询和询问，以及对其他国家机构制定规范的合法性审查等，都属于宪法监督的内容。

第三种是较狭义的宪法监督含义，即与"合宪性审查"基本同义的"宪法监督"。"合宪性审查"在我国的官方使用中，既包括对规范性文件尚未正式生效实施之前的事前合宪性控制，也包括对已经生效实施的规范性文件或已经做出的宪法行为的事后审查，还包括在规范性文件尚未成型或宪法行为尚未做出之前的合宪性咨询和未来可能会纳入的宪法诉愿制度。[①]较狭义的宪法监督因而也包括这些内容，主要是指特定国家机关以宪法为直接依据对相关规范和行为是否合宪作出判断，并给出相关建议或审查决定的制度。与较广义的宪法监督相同之处在于，较狭义的宪法监督的主体也限于我国《宪法》明确规定的全国人大和全国人大常委会，监督的对象也主要是国家机构。但是与较广义的宪法监督不同，较狭义的宪法监督不包括对其他国家机构工作的其他监督形式、听取工作报告和其他专项报告、人员任免、组织特定问题调查、法律实施情况检查、提出

---

① 参见梁鹰："备案审查有关问题的探讨"，载浙江暨浙江大学立法研究院：《"合宪性视野下的备案审查"研讨会全程记录（上）》，来源网址：https://mp.weixin.qq.com/s?__biz=MzU1MTc3NzExMA==&mid=2247484354&idx=2&sn=0e7c53aa54178c66d34b862d6a52eacc&chksm=fb8d65…，最后访问日期：2020年5月11日。

质询和询问,以及对其他国家机构制定规范的合法性审查等。

最后一种是狭义的宪法监督含义。法律上的"监督"主要指事后的监督。例如人民法院上下级之间的监督和被监督关系,是在下级法院超越职权做出行为的时候,上级法院才予以介入。上级法院不会在下级法院作出判决之前进行事前的干预,也不会直接指示下级法院应当如何进行判决。这意味着监督活动是在行为做出之后进行的。与"监督"相对应的是"领导",例如上下级政府之间的领导和被领导关系。领导关系中既包括事后的监督,也包括事前的指导。对于下级政府应当进行何种行为,上级政府会直接给出指示,下级政府应当根据这一指示采取相应的行为。如果下级政府没有贯彻上级的指示或者有其他越权违规行为,那么上级政府可以对下级政府的负责人进行追责。对于"宪法监督"一词,如果遵循法律上的"监督"含义,那么就应当只包括事后的监督,不包括事前的控制。这种对"宪法监督"一词的解释就是最狭义的,仅仅指特定国家机构在规范性文件生效实施和行为做出之后进行的审查。陈云生的狭义的宪法监督指,由国家专司宪法监督的机关实行的监督,在监督的对象上偏重于对国家立法机关的立法活动和行政机关的行政活动所实施的监督。[①]这一界定与本书的狭义的宪法监督含义类似。

本书是在第三种意义上使用"宪法监督"一词的,即较狭义的宪法监督。本书后文可能会交替使用"宪法监督""宪法审查"和"合宪性审查"等几个词。其中,"宪法监督"主要在标题中出现。"宪法审查"主要指在其他国家或包括我国在内的大多数国家中,由特定国家机构以宪法为直接依据对其他国家机构的规范和行为进行审查的制度。"合宪性审查"则专指我国的宪法审查制度。这里的"监督"和"审查"不仅仅限于事后的监督和审查,也包括事前的咨询和控制。换句话说,本书的"宪法监督"一词与我国官方使用的"合宪性审查"一词含义基本一致。

---

① 参见陈云生:《民主宪政新潮》,人民出版社 1988 年版,第 7 页。

第二章　宪法监督的机关与机构

一、"机关"与"机构"之辨

刘松山曾经指出,宪法监督"要解决的问题,看上去是一个在内容上对规范性文件和宪法法律作出理解判断的专业问题,但实际上不是,它真正要解决的是一个谁有权对宪法法律以及规范性文件作出判断的问题,是一个判断主体的资格问题,而不是内容上谁是谁非的问题"。①宪法监督的"机关",也即宪法监督的"主体",是指享有宪法监督权力的国家机构。根据我国现行《宪法》第 62 条和第 67 条的规定,享有宪法监督权力的国家机构是全国人大和全国人大常委会。尽管如此,其他国家机构是否也能够行使,甚至应当更加集中地行使宪法监督的权力,学界曾经有过长足的讨论。例如胡锦光教授就曾经主张,应当借鉴美国模式,由法院承担起宪法审查的职责。陈晓枫教授也赞同在普通法院内设立宪法庭,负责行为违宪的审查和裁决。②2001 年最高人民法院作出《关于以侵犯姓名权的手段侵犯宪法保护的公民受教育的基本权利是否应承担民事责任的批复》(以下简称"齐案批复")之后,此种方案以宪法司法化的方式和思路

① 刘松山:《备案审查、合宪性审查和宪法监督需要研究解决的若干重要问题》,载《中国法律评论》2018 年第 4 期。
② 参见陈晓枫:《宪法监督模式论》,载《武汉大学学报》1998 年第 3 期。

呈现。例如王磊、谢维雁教授等，就主张宪法应当同其他部门法一样，成为法院审理案件、作出裁判的直接依据。[①]宪法司法化，或者说宪法的司法适用，其实质就是美国式的司法审查体制。蔡定剑教授也曾经主张，根据宪法审查与宪法诉讼相区别的理论，在我国宪法审查权仍应由全国人大常委会行使，但是宪法诉讼的职责应当由最高人民法院承担。[②]但是自2008年"齐案批复"被废止之后，这一观点逐渐式微。许崇德先生就曾经明确反对过"宪法司法化"。童之伟教授、刘松山教授等也反对这一概念的提出或宪法审查制度的这一发展方向。

有学者建议学习法国模式，在全国人大之下设立与全国人大常委会平级的宪法委员会，专司宪法审查。[③]持有类似观点的还有孙育玮、江国华和彭超。他们提出，应当设立一个由全国人大选出并对全国人大负责，由具有威望的人士组成的宪法监督委员会，作为国家专门的宪法监督机构。该委员会与全国人大常委会同级，同样作为全国人大的常设机关，与全国人大常委会配合开展宪法监督工作。[④]但是鉴于这一模式对我国现行体制的突破较大，需要对《宪法》作出重大修改。因此有学者提出，也可退而求其次，先借鉴法国和欧盟的"合宪性问题优先移送"机制，激活我国《立法法》第90条第1款规定的宪法审查要求和建议机制。具体来说，在法院审理案件过程中，如果发现作出裁判所要依据的规范存在合宪性问题时，可以先交由全国人大常委会作出宪法判断，在全国人大常委会作出规范是否合宪的判断后，再由法院根据这一判断作出对案件的裁决。其中还有两种模式，一种是所有法院都可以向全国人大常委会提出审查要

---

① 参见王磊：《宪法的司法化——二十一世纪中国宪法研究的基本思路》，载《法学家》2000年第3期；谢维雁：《论宪法的司法化》，载《西南民族学院学报》2000年第12期。

② 参见蔡定剑：《中国宪法司法化路径探索》，载《法学研究》2005年第5期。

③ 参见林来梵：《合宪性审查的宪法政策论思考》，载《法律科学》2018年第2期。

④ 参见孙育玮：《论我国宪法实施的全方位保障》，载《求是学刊》1989年第6期；江国华、彭超：《中国宪法委员会制度初论》，载《政法论丛》2016年第1期。

求,不需要经过最高人民法院的审查的代为提请;①另一种是当地方各级法院发现规范存在合宪性问题时,层报最高人民法院,由最高人民法院移送全国人大常委会进行审查。②"合宪性问题优先移送"机制是在我国宪法制度和法律规定范围内提出的,因此在今天仍然有讨论的价值和借鉴的可能。

除上述两种模式之外,还有学者建议设立专门的宪法法院进行宪法审查,就像德国和南斯拉夫那样。③但是,这一观点的采纳同样需要对我国现有的政治制度和宪法规定作出较大的修改,因此并没有获得大多数学者的认可。

刘松山教授则从另外一个角度切入,提出在党内设立党中央宪法监督委员会的构想,并建议在此基础上,适当划分宪法监督职权,加快立法,从实际出发,建立健全比较完善的宪法监督制度。④如今,我国已经在制度和事实上形成了党内和国家合宪性审查二元双轨的基本机制。在党内,由党中央统领下的各级党委,党的纪律检查委员会、党委(决策)议事协调机构以及党的工作机关、党委直属事业单位、党组(党委)承担对党内法规和规范性文件进行备案审查工作的主体责任,其中就包括合宪性审查。⑤在国家层面,则由全国人大和常委会行使对国家法律法规和司法解释的宪法监督职权。刘松山的这一想法已经在一定程度上得到实现。

随着研究的逐步推进,我国学界的目光逐渐从西方转回了中国。更多学者开始认可我国的由最高国家权力机关和立法机关进行宪法监

---

① 参见胡锦光:《论合宪性审查的"过滤"机制》,载《中国法律评论》2018年第1期。
② 参见林来梵:《合宪性审查的宪法政策论思考》,载《法律科学》2018年第2期;王蔚:《客观法秩序与主观利益之协调——我国合宪性审查机制之完善》,载《中国法律评论》2018年第1期。
③ 参见康大民:《建议设立宪法法院》,载《法学杂志》1981年第2期;胡肖华:《展望中国宪法法院》,载《比较法研究》1989年第1期。
④ 参见刘松山:《健全宪法监督制度之若干设想》,载《法学》2015年第4期。
⑤ 《中国共产党党内法规和规范性文件备案审查规定》第4条。

督的制度和现状。例如许崇德先生指出，全国人大及其常委会解释宪法，监督宪法的实施，已由宪法明文规定。这个体制从我国的国情出发，符合人民代表大会制度的本质要求。它迄今已延续了半个多世纪，成了我国社会主义法律制度不可分割的组成部分。宪法确定了的体制，是不宜轻易改变的。①付子堂教授认为，中国实行立法机关的违宪审查制，维护了全国人民代表大会的最高权力机关的地位。②周伟教授也指出，现阶段，我国宪法监督的主要问题不是设立一个完美无缺的宪法监督机构，而是要首先激活宪法规定的宪法监督体制，然后在监督宪法的实践中，逐步完善宪法监督的具体制度、监督程序和监督环节。因此，周伟教授也主张不应当在宪法规定之外通过宪法修改建立新的宪法监督体制。③

但是作为宪法监督机关的全国人大和全国人大常委会，它们还承担着重要的立法职能。因此，这两个国家机构并非专职的宪法审查机关，它们无法作为整体承担宪法监督的工作。在两个国家机构之下设立专司宪法审查的"机构"，就成为学界研究的重点。早在 20 世纪 80 年代，我国学者就已经提出在全国人大或全国人大常委会之下设立专门的宪法监督机构的想法。例如学者柳岚生、皮纯协、任志宽、刘桓等，均主张在全国人大常委会之下设立专门进行宪法监督的宪法委员会，作为常委会的常设工作机构。④包万超教授则提出了建立宪法委员会和违宪审查庭并行的复合审查制的构想，即在全国人大之下设立宪法委员会，与此同时在最高人民法院下设违宪审查庭，分别行使非诉讼的、事先的审查和违宪侵权诉

---

① 参见许崇德：《"宪法司法化"质疑》，载《中国人大》2006 年第 6 期。

② 参见付子堂：《美国、法国和中国宪法监督模式之比较》，载《法学》2000 年第 5 期。

③ 参见周伟：《完善我国宪法监督制度研究》，载《社会科学》2004 年第 5 期；周伟：《启动宪法监督：健全宪法监督机构的路径选择》，载《理论与改革》2014 年第 6 期。

④ 参见柳岚生：《略论宪法监督》，载《社会科学》1981 年第 3 期；皮纯协、任志宽：《完善宪法监督保障制度》，载《政治与法律》1986 年第 4 期；刘桓：《健全我国宪法实施的监督制度》，载《中南政法学院学报》1987 年第 2 期。

讼、附带性审查权。①进入 21 世纪后,李步云教授也主张,应当在全国人大之下设立宪法委员会,专门进行宪法审查工作。②何华辉、蔡定剑、吴家麟、程湘清、王叔文、于沛林、甄树青、郭春涛、苗连营、李忠、周叶中、刘鸿章、任进、李步云、罗晓军、上官丕亮、秦前红、孙煜华、童之伟、韩大元等学者也都持有类似观点。③

　　最早提出将全国人大法律委员会更名为"宪法和法律委员会"的建议的学者,在笔者的研究中,是陈云生教授。他在 1988 年发表在《当代法学》的《改善和加强我国宪法监督制度的几点设想》一文中,提出了这一前瞻性的设想。④后期范进学教授也秉持这一观点。⑤2018 年 2 月,党的十九届三中全会通过了《中共中央关于党和国家机构改革方案》,其中决定将全国人大之下的专门委员会"法律委员会"更名为"宪法和法律委员会"。3 月,第十三届全国人大一次会议通过《宪法修正案》,决定将《宪

　　①　参见包万超:《设立宪法委员会和最高法院违宪审查庭并行的复合审查制——完善我国违宪审查制度的另一种思路》,载《法学》1998 年第 4 期。

　　②　参见李步云:《建立宪法监督制度正当其时》,载《中国党政干部论坛》2014 年第 8 期。

　　③　参见何华辉:《论宪法监督》,载《武汉大学学报》1982 年第 1 期;蔡定剑:《我国宪法监督制度探讨》,载《法学研究》1989 年第 3 期;吴家麟:《论设立宪法监督机构的必要性和可行性》,载《法学评论》1991 年第 2 期;程湘清:《关于宪法监督的几个有争议的问题》,载《法学研究》1992 年第 4 期;王叔文:《论宪法实施的保障》,载《中国法学》1992 年第 6 期;于沛林:《完善我国宪法监督制度的思考》,载《辽宁师范大学学报》1994 年第 3 期;甄树青:《宪法监督专门机构刍议》,载《河南大学学报》1996 年第 4 期;郭春涛:《论违宪》,载《徐州师范大学学报》1997 年第 1 期;苗连营:《关于设立宪法监督专责机构的设想》,载《法商研究》1998 年第 4 期;李忠:《关于建立宪法监督制度的几个理论问题》,载《河北法学》1998 年第 2 期;周叶中、刘鸿章:《加强宪法监督　建设法治国家》,载《武汉大学学报》1999 年第 6 期;任进:《建立健全宪法保障制度的若干构想》,载《国家行政学院学报》2000 年第 3 期;李步云:《建立宪法监督制度正当其时》,载《中国党政干部论坛》2014 年第 8 期;罗晓军:《设立宪法监督委员会刍议》,载《政法论坛》2002 年第 2 期;上官丕亮:《完善人大宪法监督制度三建议》,载《人大研究》2016 年第 9 期;秦前红:《设立宪法委员会与完善宪法监督制度》,载《理论视野》2017 年第 2 期;孙煜华、童之伟:《让中国合宪性审查制形成特色并行之有效》,载《法律科学》2018 年第 2 期;韩大元:《关于推进合宪性审查工作的几点思考》,载《法律科学》2018 年第 2 期。

　　④　参见陈云生:《改善和加强我国宪法监督制度的几点设想》,载《当代法学》1988 年第 2 期。

　　⑤　参见范进学:《论中国特色社会主义新时代下的宪法修改》,载《学习与探索》2018 年第 3 期。

法》第 71 条第 1 款中的"法律委员会"修改为"宪法和法律委员会"。这一修改不仅仅是名称的修改，更是职权的改变。该年 6 月，第十三届全国人大常委会三次会议通过《关于全国人大宪法和法律委员会职责问题的决定》(以下简称《决定》)，赋予宪法和法律委员会"推动宪法实施、开展宪法解释、推进合宪性审查、加强宪法监督、配合宪法宣传等工作职责"。根据现行《宪法》第 70 条第 1 款的规定："全国人民代表大会设立……专门委员会。在全国人民代表大会闭会期间，各专门委员会受全国人民代表大会常务委员会的领导。"因此，宪法和法律委员会就成为在全国人大和全国人大常委会领导之下具体进行宪法审查的机构。

至此，在我国开展宪法监督的机关和机构基本上予以明确，宪法监督的机关是全国人大和全国人大常委会，宪法监督的机构主要是宪法和法律委员会。

二、全国人大与全国人大常委会的职责分工

第一，根据现行《宪法》第 62 条和第 67 条的规定，全国人大和全国人大常委会都享有宪法监督的职权。但是，二者的职权有一定的分工。根据《宪法》第 62 条第 12 项的规定，全国人大有权改变或者撤销全国人大常委会的不适当的决定。这里的不适当包括不符合宪法、不符合党中央的大政方针、不符合全国人大的基本法律和不符合常理等。这里的决定也不仅仅限于全国人大常委会作出的决议决定，也包括其制定的法律。[1]例如，《立法法》第 97 条规定："全国人民代表大会有权改变或者撤销它的常务委员会制定的不适当的法律，有权撤销全国人民代表大会常务委员会批准的违背宪法和本法第七十五条第二款规定的自治条例和单行条例。"因此，全国人大的宪法监督职权首先是对全国人大常委会制定

---

① 参见《宪法学》编写组：《宪法学》，高等教育出版社、人民出版社 2011 年版，第 311 页。

的规范和批准自治区的自治条例和单行条例的行为进行监督。通过这一监督，间接地监督自治区制定的自治条例和单行条例的合宪性。

第二，中央国家机构——国家主席、全国人大常委会、国务院、中央军委、国家监委、最高法、最高检——均由全国人大产生，应当对全国人大负责，受到全国人大监督。这里的"监督"就包括宪法监督。因此，对于中央其他国家机构进行的行为，全国人大也有权对其合宪性进行判断。具体来说，根据《宪法》第 62 条第 5 至第 9 项的规定，全国人大选举或决定国务院总理、副总理、国务委员、各部部长、各委员会主任、审计长、秘书长、中央军委主席和其他组成人员、国家监委主任、最高人民法院院长、最高人民检察院检察长。根据第 63 条的规定，对于这些人选，全国人大也有罢免的权力。因此，对于其他国家机构中的领导人员和其他重要人员的行为，全国人大有权力进行监督。其他国家机构中的领导人员和其他重要人员的行为，在绝大多数情况下都是代表该机关进行的行为。与此同时，现行《宪法》还规定了负责并报告工作的制度。例如第 92 条规定"国务院对全国人民代表大会负责并报告工作"，第 94 条规定"中央军事委员会主席对全国人民代表大会……负责"，第 126、133、138 条第 1 句分别规定国家监察委员会、最高人民法院和最高人民检察院"对全国人民代表大会负责"。负责和报告工作意味着，全国人大对于这些机构整体的行为也有权进行监督。

从理论和逻辑上来看，既然全国人大有权监督其他中央国家机构的行为，那么这些行为就应当既包括抽象的立法行为，也包括具体行为。换言之，全国人大应当有权对其他中央国家机构制定的规范进行监督和审查。但是，除全国人大常委会之外，国务院、国家监委、最高人民法院和最高人民检察院制定的规范的监督和审查权力被《宪法》和《立法法》等规定单独赋予全国人大常委会。《宪法》第 67 条第 7 项规定，全国人大常委会有权"撤销国务院制定的同宪法、法律相抵触的行政法规、决定和命令"。

《立法法》第 97 条第 2 项规定，全国人大常委会"有权撤销同宪法和法律相抵触的行政法规"，第 99 条第 1 款和第 2 款规定："国务院、中央军事委员会、最高人民法院、最高人民检察院和各省、自治区、直辖市的人民代表大会常务委员会认为行政法规……同宪法或者法律相抵触的，可以向全国人民代表大会常务委员会书面提出进行审查的要求，由常务委员会工作机构分送有关的专门委员会进行审查、提出意见。前款规定以外的其他国家机关和社会团体、企业事业组织以及公民认为行政法规……同宪法或者法律相抵触的，可以向全国人民代表大会常务委员会书面提出进行审查的建议，由常务委员会工作机构进行研究，必要时，送有关的专门委员会进行审查、提出意见。"《监督法》第 32 条第 1 款规定："国务院、中央军事委员会和省、自治区、直辖市的人民代表大会常务委员会认为最高人民法院、最高人民检察院作出的具体应用法律的解释同法律规定相抵触的，最高人民法院、最高人民检察院之间认为对方作出的具体应用法律的解释同法律规定相抵触的，可以向全国人民代表大会常务委员会书面提出进行审查的要求，由常务委员会工作机构送有关专门委员会进行审查、提出意见。"《全国人民代表大会常务委员会关于国家监察委员会制定监察法规的决定》第 3 点第 2 句写明："全国人民代表大会常务委员会有权撤销同宪法和法律相抵触的监察法规。"根据"明示即排除"原则，既然审查国务院、国家监察委员会、最高人民法院和最高人民检察院的法规和司法解释的权力被赋予给全国人大常委会，而全国人大项下没有此项职权，那么全国人大就不应当被视为享有这些职权。

全国人大常委会除负责对国务院、国家监察委员会、最高人民法院和最高人民检察院的法规和司法解释进行审查之外，还可以对地方性法规、经济特区法规、自治条例和单行条例进行审查。《宪法》第 67 条第 8 项规定，全国人大常委会有权"撤销省、自治区、直辖市国家权力机关制定的同宪法、法律和行政法规相抵触的地方性法规和决议"。《立法法》第 97 条第 2 项规定:"全国人民代表大会常务委员会……有权撤销同宪法、法律和行政法规相抵触的地方性法规,有权撤销省、自治区、直辖市的人民代表大会常务委员会批准的违背宪法和本法第七十五条第二款规定的自治条例和单行条例"。第 99 条第 1 款和第 2 款规定:"国务院、中央军事委员会、最高人民法院、最高人民检察院和各省、自治区、直辖市的人民代表大会常务委员会认为……地方性法规、自治条例和单行条例同宪法或者法律相抵触的,可以向全国人民代表大会常务委员会书面提出进行审查的要求,由常务委员会工作机构分送有关的专门委员会进行审查、提出意见。前款规定以外的其他国家机关和社会团体、企业事业组织以及公民认为……地方性法规、自治条例和单行条例同宪法或者法律相抵触的,可以向全国人民代表大会常务委员会书面提出进行审查的建议,由常务委员会工作机构进行研究,必要时,送有关的专门委员会进行审查、提出意见。"第十三届全国人大常委会第四十四次委员长会议通过的《法规、司法解释备案审查工作办法》第 2 条规定:"对行政法规、监察法规、地方性法规、自治州和自治县的自治条例和单行条例、经济特区法规(以下统称法规)以及最高人民法院、最高人民检察院作出的属于审判、检察工作中具体应用法律的解释(以下统称司法解释)的备案审查,适用本办法。"

除对法规和司法解释进行审查之外,全国人大常委会也有权对其他中央国家机构及其中的部分人员的具体行为进行监督。《宪法》第 67 条第 6 项规定,全国人大常委会"监督国务院、中央军事委员会、国家监察委员会、最高人民法院和最高人民检察院的工作",根据第 9 至第 13 项的规定,全国人大常委会有权决定、任免或批准国务院部长、委员会主任、审计长、秘书长、中央军委除主席之外的其他组成人员、国家监委副主任、委员、最高法院副院长、审判员、审判委员会委员和军事法院院长、最高检察院副检察长、检察员、检察委员会委员和军事检察院检察长、省、自治区、直辖市的人民检察院检察长的人选。第 92 条规定:"国务院……在全国人民代表大会闭会期间,对全国人民代表大会常务委员会负责并报告工作。"第94条规定:"中央军事委员会主席对……全国人民代表大会常务委员会负责。"第126、133、138条第1句分别规定国家监察委员会、最高人民法院和最高人民检察院"对全国人民代表大会常务委员会负责"。

由此可见,对于国家机构整体的行为,全国人大和全国人大常委会都有权进行监督;对于国家机构中领导人员和重要组成人员的行为,全国人大和全国人大常委会有的都有权进行监督,有的只有全国人大有权进行监督,有的只有全国人大常委会有权进行监督;对于国务院、国家监察委员会、最高人民法院和最高人民检察院制定的法规和司法解释,只有全国人大常委会有权进行监督;对于自治区的自治条例和单行条例,全国人大和全国人大常委会都有权进行监督;除此之外,全国人大常委会还有权监督地方性法规、经济特区法规、自治州和自治县的自治条例和单行条例。

三、宪法和法律委员会的定位

宪法和法律委员会缘起于1954年《宪法》第34条第1款规定的"法案委员会"。根据当时具体参与宪法起草与草案审议的田家英的观点,法案委员会承担的工作主要包括两项:一个是根据国务院和其他机构的建议向全国人大和常委会提出法律案,另一个是审查法律案和法律,为全国人大和常委会制定、修改和废除法律提供意见和建议。[①]1982年《宪法》第70条第1款将法案委员会改为"法律委员会"。

在2018年通过的《宪法修正案》再次修改其名称之前,根据《宪法》《立法法》《监督法》和《全国人大组织法》等法律关于专门委员会和法律委

[①] 参见韩大元:《1954年宪法的制定过程》,法律出版社2014年版,第101页。

员会的规定,法律委员会的职能主要包括三个方面:

第一,立法过程中的法律草案提出和审议。①主要包括提出法律案、法律解释要求,审议法律案和法律解释草案,提出法律案和法律解释草案的修改稿和表决稿等。关于提出法律案的职权,现行《立法法》对法律委员会的规定是包含在其他专门委员会之中的。《立法法》第14条第2款规定:"……全国人民代表大会各专门委员会,可以向全国人民代表大会提出法律案,由主席团决定列入会议议程。"《全国人大组织法》第37条第1款第2项规定,各专门委员会的工作包括"向全国人民代表大会主席团或者全国人民代表大会常务委员会提出属于全国人民代表大会或者全国人民代表大会常务委员会职权范围内同本委员会有关的议案"。关于审议法律案的职权,《立法法》的规定既有涵括在其他专门委员会项下的,也有就法律委员会进行单独说明的。与其他专门委员会一起规定的审议法律案的职权,主要是对是否列入全国人大或全国人大常委会议程的法律案的审议,也有对已经列入全国人大议程的议案的审议。例如,第15条第1款规定:"一个代表团或者三十名以上的代表联名,可以向全国人民代表大会提出法律案,由主席团决定是否列入会议议程,或者先交有关的专门委员会审议、提出是否列入会议议程的意见,再决定是否列入会议议程。"第26条第2款第1句规定:"国务院、中央军事委员会、最高人民法院、最高人民检察院、全国人民代表大会各专门委员会,可以向常务委员会提出法律案,由委员长会议决定列入常务委员会会议议程,或者先交有关的专门委员会审议、提出报告,再决定列入常务委员会会议议程。"第27条第1款第1句规定:"常务委员会组成人员十人以上联名,可以向常务委员会提出法律案,由委员长会议决定是否列入常务委员会会议议程,或者先交有关的专门委员会审议、提出是否列入会议议程的意见,再决定

---

① 参见郑贤君:《全国人大宪法和法律委员会的双重属性——作为立法审查的合宪性审查》,载《中国法律评论》2018年第4期。

是否列入常务委员会会议议程。"第 19 条规定："列入全国人民代表大会会议议程的法律案，由有关的专门委员会进行审议，向主席团提出审议意见，并印发会议。"《全国人大组织法》第 37 条第 1 款第 1 项规定，各专门委员会的工作包括"审议全国人民代表大会主席团或者全国人民代表大会常务委员会交付的议案"。对法律委员会议案审议职能的单独规定，主要涉及的是其统一审议工作。《立法法》第 20 条规定："列入全国人民代表大会会议议程的法律案，由法律委员会根据各代表团和有关的专门委员会的审议意见，对法律案进行统一审议，向主席团提出审议结果报告和法律草案修改稿，对重要的不同意见应当在审议结果报告中予以说明，经主席团会议审议通过后，印发会议。"第 24 条规定："法律草案修改稿经各代表团审议，由法律委员会根据各代表团的审议意见进行修改，提出法律草案表决稿，由主席团提请大会全体会议表决，由全体代表的过半数通过。"第 29 条第 1 款、第 3 款和第 4 款规定："列入常务委员会会议议程的法律案，一般应当经三次常务委员会会议审议后再交付表决……常务委员会会议第二次审议法律案，在全体会议上听取法律委员会关于法律草案修改情况和主要问题的汇报，由分组会议进一步审议。常务委员会会议第三次审议法律案，在全体会议上听取法律委员会关于法律草案审议结果的报告，由分组会议对法律草案修改稿进行审议。"第 33 条第 1 款第 1 句规定："列入常务委员会会议议程的法律案，由法律委员会根据常务委员会组成人员、有关的专门委员会的审议意见和各方面提出的意见，对法律案进行统一审议，提出修改情况的汇报或者审议结果报告和法律草案修改稿，对重要的不同意见应当在汇报或者审议结果报告中予以说明。"第 41 条第 1 款规定："法律草案修改稿经常务委员会会议审议，由法律委员会根据常务委员会组成人员的审议意见进行修改，提出法律草案表决稿，由委员长会议提请常务委员会全体会议表决，由常务委员会全体组成人员的过半数通过。"《全国人大组织法》第 37 条第 3 款规定："法律委员会统一审议向全国人民代表大会或者全国人民代表大会常务委员会提出的法律草案；其他专门委员会就有关的法律草案向法律委员会提出意见。"提出法律解释要求的规定在《立法法》第46条，和其他专门委员会规定在一起。该条的内容是："国务院、中央军事委员会、最高人民法院、最高人民检察院和全国人民代表大会各专门委员会以及省、自治区、直辖市的人民代表大会常务委员会可以向全国人民代表大会常务委员会提出法律解释要求。"第48条又规定了法律委员会审议法律草案、提出法律解释草案表决稿的职权，即"法律解释草案经常务委员会会议审议，由法律委员会根据常务委员会组成人员的审议意见进行审议、修改，提出法律解释草案表决稿"。2015年《立法法》的修改增加了包括法律委员会在内的专门委员会参与法律草案起草工作的规定。第53条第1款指出："全国人民代表大会有关的专门委员会、常务委员会工作机构应当提前参与有关方面的法律草案起草工作；综合性、全局性、基础性的重要法律草案，可以由有关的专门委员会或者常务委员会工作机构组织起草。"

法律委员会的第二个职能是协助全国人大及其常委会开展监督工作。[1]主要涉及开展立法后评估、协助听取和审议专项工作报告、组织实施执法检查工作、听取和审议质询案等。关于开展立法后评估，《立法法》第63条第1句规定："全国人民代表大会有关的专门委员会、常务委员会工作机构可以组织对有关法律或者法律中有关规定进行立法后评估。"关于协助听取和审议专项工作报告，《监督法》第9条第1款规定："常务委员会听取和审议本级人民政府、人民法院和人民检察院的专项工作报告的议题，根据下列途径反映的问题确定……（四）本级人民代表大会专门委员会、常务委员会工作机构在调查研究中发现的突出问题"。第12条第1款规定："人民政府、人民法院或者人民检察院应当在常务委员会举

---

① 参见于文豪：《宪法和法律委员会是宪法实施的关键细节》，载《人民法治》2018年第Z1期。

行会议的二十日前,由其办事机构将专项工作报告送交本级人民代表大会有关专门委员会或者常务委员会有关工作机构征求意见。"第14条第1款第2句规定:"人民政府、人民法院或者人民检察院应当将研究处理情况由其办事机构送交本级人民代表大会有关专门委员会或者常务委员会有关工作机构征求意见后,向常务委员会提出书面报告。"关于执法检查,《监督法》第23条第2款规定:"常务委员会执法检查工作由本级人民代表大会有关专门委员会或者常务委员会有关工作机构具体组织实施。"第27条第1款规定:"常务委员会组成人员对执法检查报告的审议意见连同执法检查报告,一并交由本级人民政府、人民法院或者人民检察院研究处理。人民政府、人民法院或者人民检察院应当将研究处理情况由其办事机构送交本级人民代表大会有关专门委员会或者常务委员会有关工作机构征求意见后,向常务委员会提出报告。必要时,由委员长会议或者主任会议决定提请常务委员会审议,或者由常务委员会组织跟踪检查;常务委员会也可以委托本级人民代表大会有关专门委员会或者常务委员会有关工作机构组织跟踪检查。"关于听取和审议质询案,《监督法》第36条第2款第1句规定:"委员长会议或者主任会议可以决定由受质询机关在常务委员会会议上或者有关专门委员会会议上口头答复,或者由受质询机关书面答复。"《全国人大组织法》第37条第1款第4项规定,各专门委员会的工作包括"审议全国人民代表大会主席团或者全国人民代表大会常务委员会交付的质询案,听取受质询机关对质询案的答复,必要的时候向全国人民代表大会主席团或者全国人民代表大会常务委员会提出报告"。此外,《全国人大组织法》第37条第1款第5项还规定,各专门委员会有权"对属于全国人民代表大会或者全国人民代表大会常务委员会职权范围内同本委员会有关的问题,进行调查研究,提出建议"。

法律委员会的第三个职能,是承担对法规和司法解释进行事后审查的具体工作。根据既有规定,审查的范围涵盖行政法规、决定和命令,国务院各部委的命令、指示和规章,地方性法规以及省级人大及其常委会的决议,经济特区法规,省级政府的决定、命令和规章,自治条例和单行条例,以及司法解释等。《立法法》规定了对行政法规、地方性法规、自治条例和单行条例的审查。例如,第 99 条规定:"国务院、中央军事委员会、最高人民法院、最高人民检察院和各省、自治区、直辖市的人民代表大会常务委员会认为行政法规、地方性法规、自治条例和单行条例同宪法或者法律相抵触的,可以向全国人民代表大会常务委员会书面提出进行审查的要求,由常务委员会工作机构分送有关的专门委员会进行审查、提出意见。前款规定以外的其他国家机关和社会团体、企业事业组织以及公民认为行政法规、地方性法规、自治条例和单行条例同宪法或者法律相抵触的,可以向全国人民代表大会常务委员会书面提出进行审查的建议,由常务委员会工作机构进行研究,必要时,送有关的专门委员会进行审查、提出意见。有关的专门委员会和常务委员会工作机构可以对报送备案的规范性文件进行主动审查。"《全国人大组织法》规定了对行政法规、决定和命令,国务院各部、各委员会的命令、指示和规章,省、自治区、直辖市的人民代表大会和它的常务委员会的地方性法规和决议,以及省、自治区、直辖市的人民政府的决定、命令和规章的审查。第 37 条第 1 款第 3 项规定,包括法律委员会在内的各专门委员会的工作包括:"审议全国人民代表大会常务委员会交付的被认为同宪法、法律相抵触的国务院的行政法规、决定和命令,国务院各部、各委员会的命令、指示和规章,省、自治区、直辖市的人民代表大会和它的常务委员会的地方性法规和决议,以及省、自治区、直辖市的人民政府的决定、命令和规章,提出报告。"《监督法》规定了对司法解释的审查,第 32 条规定:"国务院、中央军事委员会和省、自治区、直辖市的人民代表大会常务委员会认为最高人民法院、最高人民检察院作出的具体应用法律的解释同法律规定相抵触的,最高人民法院、最高人民检察院之间认为对方作出的具体应用法律的解释同法律规定相抵触的,可以向全国人民代表大会常务委员会书面提出进行审查的要求,由常务委员会工作机构送有关专门委员会进行审查、提出意见。前款规定以外的其他国家机关和社会团体、企业事业组织以及公民认为最高人民法院、最高人民检察院作出的具体应用法律的解释同法律规定相抵触的，可以向全国人民代表大会常务委员会书面提出进行审查的建议，由常务委员会工作机构进行研究，必要时，送有关专门委员会进行审查、提出意见。"第33条规定："全国人民代表大会法律委员会和有关专门委员会经审查认为最高人民法院或者最高人民检察院作出的具体应用法律的解释同法律规定相抵触，而最高人民法院或者最高人民检察院不予修改或者废止的，可以提出要求最高人民法院或者最高人民检察院予以修改、废止的议案，或者提出由全国人民代表大会常务委员会作出法律解释的议案，由委员长会议决定提请常务委员会审议。"全国人大常委会《行政法规、地方性法规、自治条例和单行条例、经济特区法规备案审查工作程序》增加了对经济特区法规的审议。

由此可以发现，在2018年修宪将"法律委员会"更名为"宪法和法律委员会"之前，该委员会承担的职责已经包括三个方面：法律案起草与审议、协助全国人大和全国人大常委会监督其他国家机构，以及对法规和司法解释的事后审查。2018年宪法修改后，第十三届全国人大常委会三次会议通过《关于全国人大宪法和法律委员会职责问题的决定》，赋予宪法和法律委员会"推动宪法实施、开展宪法解释、推进合宪性审查、加强宪法监督、配合宪法宣传等工作职责"。与对法规和司法解释进行事后审查的职能联系起来，学界几乎一致认为，具体"实施"合宪性审查的职能也应当由宪法和法律委员会承担。[①]2019年10月，第十三届全国人大常委会第

---

① 例如郑贤君：《全国人大宪法和法律委员会的双重属性——作为立法审查的合宪性审查》，载《中国法律评论》2018年第4期；胡锦光：《论设立"宪法和法律委员会"的意义》，载《政法论丛》2018年第3期；胡锦光：《论我国合宪性审查机制中不同主体的职能定位》，载《法学家》2020年第5期；范进学：《全国人大宪法和法律委员会的功能与使命》，载《华东政法学院学报》2018年第4期；于文豪：《宪法和法律委员会是宪法实施的关键细节》，载《人民法治》2018年第Z1期；韩大元：《从法律委员会到宪法和法律委员会：体制与功能的转型》，载《华东政法学院学报》2018年第4期等。

十四次会议通过《关于国家监察委员会制定监察法规的决定》,规定国家监委制定的监察法规交由全国人大常委会进行备案审查。该《决定》虽未明确具体审查的机构,但是依循其他法规和司法解释的审查机制,进行审查的同样应当是相关专门委员会,主要是宪法和法律委员会与监察和司法委员会。2019年12月16日第十三届全国人大常委会第44次委员长会议通过《法规、司法解释备案审查工作办法》,规定专门委员会和法工委具体承担对法规(根据该《办法》第2条,包括行政法规、监察法规、地方性法规、自治州和自治县的自治条例和单行条例、经济特区法规以及最高人民法院、最高人民检察院作出的属于审判、检察工作中具体应用法律的解释)和司法解释的备案审查工作,其中既包括合宪性审查,也包括政治性、合法性和适当性审查。该《办法》第三章"审查"第三节"审查标准"中规定,审查机构"对法规、司法解释进行审查研究,发现法规、司法解释存在违背宪法规定、宪法原则或宪法精神问题的";"对法规、司法解释进行审查研究,发现法规、司法解释存在与党中央的重大决策部署不相符或者与国家的重大改革方向不一致问题的";"对法规、司法解释进行审查研究,发现法规、司法解释违背法律规定"的;"对法规、司法解释进行审查研究,发现法规、司法解释存在明显不适当问题的","应当提出意见"。

有鉴于此,涉及宪法监督和合宪性审查相关职权,我国学界现在的通说是,由宪法和法律委员会具体负责对全国人大及其常委会的法律案进行事前的合宪性控制,并对已经生效实施的法律进行事后的审查。[①]换句话说,宪法和法律委员会是宪法监督的核心机构。

---

① 参见范进学:《全国人大宪法和法律委员会的功能与使命》,载《华东政法学院学报》2018年第4期;于文豪:《宪法和法律委员会是宪法实施的关键细节》,载《人民法治》2018年第Z1期;韩大元:《从法律委员会到宪法和法律委员会:体制与功能的转型》,载《华东政法学院学报》2018年第4期等。

四、法制工作委员会的角色

尽管在《宪法》和正式的法律法规和官方决议决定中,宪法和法律委员会是具体承担宪法审查职责的核心机构,但是在实践中,以及在全国人大常委会内部的工作规则中,法制工作委员会也起着重要的作用。

法制工作委员会通常简称为"法工委",是全国人大常委会内设的工作机构。法工委在全国人大及其常委会的事前立法过程中也承担着重要职责。十一届全国人大五次会议新闻中心网站 2008 年 1 月 31 日发布的《全国人大常委会的办事机构和工作机构》显示,"法制工作委员会……主要职责是:受委员长会议委托,拟订有关法律方面的议案草案;为全国人大和全国人大常委会审议法律草案服务,对提请全国人大和全国人大常委会审议的有关法律草案进行调查研究,征求意见,提供有关资料,提出修改建议;在法律草案交付表决前,负责法律用语的规范和文字方面的工作;对各省、自治区、直辖市人大常委会及中央和国家机关有关部门提出的有关法律方面问题的询问进行研究予以答复,并报常务委员会备案;对报全国人大常委会备案的行政法规和地方性法规是否违反宪法和法律进行研究,提出意见;研究处理并答复全国人大代表提出的有关法制工作的建议、批评和意见以及全国政协委员的有关提案;进行与人大工作有关的法学理论、法制史和比较法学的研究,开展法制宣传工作;负责汇编、译审法律文献的有关工作;办理全国人大常委会和委员长会议交办的其他事项。"①其中最重要的,就是拟定法律议案草案、审议法律草案并进行调研和提出修改意见等。在实践中,法工委事实上在立法过程中扮演着比该规定赋予它的角色更加重要的角色——法工委的人员大部分与宪法和法

---

① 《全国人大常委会的办事机构和工作机构》,来源网址:http://www.npc.gov.cn/zgrdw/pc/11_5/2008-01/31/content_1686584.htm,最后访问日期:2020 年 5 月 11 日。

律委员会相重合,二者更是共用一套办事机构。①因此,在我国的立法机制中,事实上的法律草案起草、审议和修订机构就是这个作为常委会内设机构的法工委。有鉴于此,有学者甚至将法工委称为"隐形立法者""小常委会"和"事实上的立法引擎"。②

在 2019 年 12 月 16 日第十三届全国人大常委会第四十四次委员长会议通过的《法规、司法解释备案审查工作办法》(以下简称《工作办法》)中,法工委则和其他专门委员会一起承担备案审查的具体工作。例如,《工作办法》第 5 条规定:"专门委员会、常委会法制工作委员会负责对报送备案的法规、司法解释的审查研究工作。"第 14 条规定:"常委会办公厅对接收备案的法规、司法解释进行登记、存档,并根据职责分工,分送有关专门委员会和法制工作委员会进行审查研究。"第 17 条规定:"专门委员会、常委会工作机构根据审查工作需要,可以要求有关方面提供本办法第五十四条规定的规范性文件。"第 19 条规定:"专门委员会、法制工作委员会对法规、司法解释依职权主动进行审查。"第 20 条规定:"对法规、司法解释及其他有关规范性文件中涉及宪法的问题,宪法和法律委员会、法制工作委员会应当主动进行合宪性审查研究,提出书面审查研究意见,并及时反馈制定机关。"第 21 条规定:"国家机关依照法律规定向全国人大常委会书面提出的对法规、司法解释的审查要求,由常委会办公厅接收、登记,报秘书长批转有关专门委员会会同法制工作委员会进行审查。"第 22 条规定:"国家机关、社会团体、企业事业组织以及公民依照法律规定

① 参见梁鹰:"备案审查有关问题的探讨",载浙江暨浙江大学立法研究院:《"合宪性视野下的备案审查"研讨会全程记录(上)》,来源网址:https://mp. weixin. qq. com/s? __ biz = MzU1MTc3NzExMA = = &mid = 2247484354&idx = 2&sn = 0e7c53aa54178c66d34b862d6a52eacc&chksm = fb8d65...,最后访问日期:2020 年 5 月 11 日;于文豪:《宪法和法律委员会合宪性审查职能的展开》,载《中国法学》2018 年第 6 期。

② 卢群星:《隐性立法者:中国立法工作者的作用及其正当性难题》,载《浙江大学学报》2013 年第 2 期。

向全国人大常委会书面提出的对法规、司法解释的审查建议,由法制工作委员会接收、登记。法制工作委员会对依照前款规定接收的审查建议,依法进行审查研究。必要时,送有关专门委员会进行审查、提出意见。"第40条规定:"专门委员会、法制工作委员会在审查研究中发现法规、司法解释可能存在本办法第三章第三节规定情形的,可以与制定机关沟通,或者采取书面形式对制定机关进行询问。"第42条规定:"制定机关收到审查研究意见后逾期未报送书面处理意见的,专门委员会、法制工作委员会可以向制定机关发函督促或者约谈制定机关有关负责人,要求制定机关限期报送处理意见。"第44条规定:"制定机关未按照书面审查研究意见对法规及时予以修改、废止的,专门委员会、法制工作委员会可以依法向委员长会议提出予以撤销的议案、建议,由委员长会议决定提请常委会会议审议。制定机关未按照书面审查研究意见对司法解释及时予以修改、废止的,专门委员会、法制工作委员会可以依法提出要求最高人民法院或者最高人民检察院予以修改、废止的议案、建议,或者提出由全国人大常委会作出法律解释的议案、建议,由委员长会议决定提请常委会会议审议。"第46条规定:"专门委员会、法制工作委员会应当及时向制定机关了解有关法规、司法解释修改、废止或者停止施行的情况。"第48条规定:"国家机关对法规、司法解释提出审查要求的,在审查工作结束后,由常委会办公厅向提出审查要求的机关进行反馈。国家机关、社会团体、企业事业组织以及公民对法规、司法解释提出审查建议的,在审查工作结束后,由法制工作委员会向提出审查建议的公民、组织进行反馈。"第51条规定:"专门委员会、常委会工作机构应当将开展备案审查工作的情况以适当方式向社会公开。"在《工作办法》规定的四种审查模式中,对法规和司法解释进行依职权审查和依申请审查的机构主要是法工委、宪法和法律委员会以及其他的相关专门委员会。

《工作办法》第24条规定:"法制工作委员会对有关机关通过备案审

查衔接联动机制移送过来的法规、司法解释进行审查。"第 25 条规定："法制工作委员会结合贯彻党中央决策部署和落实常委会工作重点,对事关重大改革和政策调整、涉及法律重要修改、关系公众切身利益、引发社会广泛关注等方面的法规、司法解释进行专项审查。在开展依职权审查、依申请审查、移送审查过程中,发现可能存在共性问题的,可以一并对相关法规、司法解释进行专项审查。"第 26 条规定："对不属于全国人大常委会备案审查范围的规范性文件提出的审查建议,法制工作委员会可以按照下列情况移送其他有关机关处理……法制工作委员会在移送上述审查建议时,可以向有关机关提出研究处理的意见建议。"第 50 条规定："对不属于全国人大常委会备案审查范围的规范性文件提出的审查建议,法制工作委员会依照本办法规定移送有关机关研究处理的,可以在移送后向提出审查建议的公民、组织告知移送情况;不予移送的,可以告知提出审查建议的公民、组织直接向有权审查的机关提出审查建议。"对于移送审查和专项审查来说,审查的机构则主要是法工委。

《工作办法》第 33 条规定："专门委员会、法制工作委员会在审查研究中认为有必要进行共同审查的,可以召开联合审查会议。有关专门委员会、法制工作委员会在审查研究中有较大意见分歧的,经报秘书长同意,向委员长会议报告。"这似乎意味着,法工委和专门委员会在备案审查工作中是平等的合作关系。但是随后第 35 条又规定："法制工作委员会加强与专门委员会在备案审查工作中的沟通协调,适时向专门委员会了解开展备案审查工作的情况。"这似乎是将法工委置于备案审查工作的核心,以法工委

图 2

为中心沟通和协调包括宪法和法律委员会在内的各专门委员会的工作。

不仅如此，《工作办法》第52条第1款和第53条还规定："法制工作委员会应当每年向全国人大常委会专项报告开展备案审查工作的情况，由常委会会议审议。""专门委员会、常委会办公厅向法制工作委员会提供备案审查工作有关情况和材料，由法制工作委员会汇总草拟工作报告，经征询专门委员会、常委会办公厅意见后按规定上报。"这意味着在备审工作报告进程中，法工委也是核心机构。从2017年至今发布的三份备案审查年报中可以发现，该报告的发布主体和责任主体均是法工委。①

此外，《工作办法》第7条规定："常委会工作机构通过备案审查衔接联动机制，加强与中央办公厅、司法部、中央军委办公厅等有关方面的联系和协作。"第8条规定："常委会工作机构应当密切与地方人大常委会的工作联系，根据需要对地方人大常委会备案审查工作进行业务指导。"这里的"工作机构"也主要是指法工委。这意味着在备案审查工作中，全国人大常委会与其他中央国家机构和党的机构之间衔接联动的核心也是法工委。

由此可见，全国人大常委会法工委主要负责合宪性审查中的移送审查和专项审查工作，主导全国人大常委会与其他中央国家机构和党的机构之间的合宪性审查衔接联动机制，就合宪性审查事项向全国人大常委会负责并报告工作。此外，由于法工委和宪法和法律委员会共用一套办事机构，组成人员也大部分重合，因此虽然依职权审查和依申请审查的工

---

① 2017年12月24日，全国人大常委会法制工作委员会主任沈春耀在第十二届全国人大常委会第三十一次会议上作了《法工委关于十二届全国人大以来暨2017年备案审查工作情况的报告》。2018年12月24日，全国人大常委会法制工作委员会主任沈春耀在第十三届全国人大常委会第七次会议上作了《法工委关于2018年备案审查工作情况的报告》。2019年12月25日，全国人大宪法和法律委员会副主任委员沈春耀在第十三届全国人大常委会第十五次会议上作了《法工委关于2019年备案审查工作情况的报告》。

作由法工委和宪法和法律委员会共同进行,但是真正进行审查的实际上是这个被学界认为"级别不够"①的法工委。《工作办法》的特殊设计和法工委与宪法和法律委员会之间的"亲密关系",使得在我国形成了由作为全国人大专门委员会、在全国人大闭会期间受到全国人大常委会领导的宪法和法律委员会进行审查,但实际上是由作为全国人大常委会内设机构的法工委进行审查的特殊的宪法审查机制。

五、宪法监督的其他主体

(一)地方人大及其常委会是不是宪法监督的机关?

近年来,有学者提出,地方各级人大和常委会也可以作为宪法监督的机关,由它们在对法规、规章和其他规范性文件进行备案审查的过程中,一并对这些规范的合法性和合宪性进行审查。②根据《立法法》的规定,地方各级人大和常委会的备案审查职责包括:省级人大有权监督同级常委会和自治州、设区的市人大或常委会制定的地方性法规,以及同级政府制定的地方政府规章、决定和命令,省级人大常委会有权监督同级政府制定的地方政府规章、自治州和自治县的自治条例和单行条例、自治州和设区的市的人大和常委会制定的地方性法规,以及自治州和设区的市政府制定的地方政府规章。《立法法》第 97 条第 4 项规定:"(四)省、自治区、直辖市的人民代表大会有权改变或者撤销它的常务委员会制定的和批准的不适当的地方性法规"。第 72 条第 2 款第 2 句规定:"设区的市的地方性法规须报省、自治区的人民代表大会常务委员会批准后施行。"第 5 款规定:"自治州的人民代表大会及其常务委员会可以依照本条第二款规定行

---

① 参见郑贤君:《全国人大宪法和法律委员会的双重属性——作为立法审查的合宪性审查》,载《中国法律评论》2018 年第 4 期。

② 例如刘松山,参见其在第三届"之江立法论坛"暨"合宪性视野下的备案审查"研讨会(2019 年 10 月 12 日)上的发言。

使设区的市制定地方性法规的职权。自治州开始制定地方性法规的具体步骤和时间,依照前款规定确定。"省级人大批准的地方性法规因此就是自治州和设区的市的人大和常委会制定的地方性法规。《地方组织法》第8条第11项规定,县级以上地方各级人大的职权包括:"撤销本级人民政府的不适当的决定和命令。"《立法法》第75条第1款第3句规定:"自治州、自治县的自治条例和单行条例,报省、自治区、直辖市的人民代表大会常务委员会批准后生效。"第98条规定:"(二)……设区的市、自治州的人民代表大会及其常务委员会制定的地方性法规,由省、自治区的人民代表大会常务委员会报全国人民代表大会常务委员会和国务院备案;(三)自治州、自治县的人民代表大会制定的自治条例和单行条例,由省、自治区、直辖市的人民代表大会常务委员会报全国人民代表大会常务委员会和国务院备案;……(四)……地方政府规章应当同时报本级人民代表大会常务委员会备案;设区的市、自治州的人民政府制定的规章应当同时报省、自治区的人民代表大会常务委员会和人民政府备案。"

市级和县级人大有权监督同级人大常委会出台的地方性法规和决议决定。现行《宪法》第103条第1款规定:"县级以上的地方各级人民代表大会常务委员会……对本级人民代表大会负责并报告工作。"《地方组织法》第8条第10项规定,县级以上各级人大的职权包括:"改变或者撤销本级人民代表大会常务委员会的不适当的决议。"乡级以上各级人大还有权监督同级政府制定的地方政府规章和决定、命令。《地方组织法》第8条第11项规定,县级以上地方各级人大的职权包括:"撤销本级人民政府的不适当的决定和命令",第9条第9项规定,乡级人大的职权包括:"撤销乡、民族乡、镇的人民政府的不适当的决定和命令。"市级、县级人大常委会有权监督下一级人大和常委会制定的决议决定。《地方组织法》第44条第7项规定,县级以上人大常委会的职权包括:"撤销下一级人民代表大会及其常务委员会的不适当的决议。"市级、县级人大常委会还有权监督同级政府制定的地方政府规章、决定和命令。《立法法》第 97 条第 5 项规定："地方人民代表大会常务委员会有权撤销本级人民政府制定的不适当的规章。"《地方组织法》第 44 条第 8 项规定，县级以上人大常委会的职权包括："撤销本级人民政府的不适当的决定和命令。"

在地方人大和常委会对相关规范进行审查的时候，《立法法》和《地方组织法》规定的审查标准主要是"适当性"标准。例如，省级人大对省级人大常委会、设区的市和自治州的人大或常委会制定的地方性法规进行审查时，《立法法》规定的就是适当性标准。《立法法》第 97 条第 4 项规定："省、自治区、直辖市的人民代表大会有权改变或者撤销它的常务委员会制定的和批准的不适当的地方性法规。""不适当"的标准不仅涉及设区的市的人大和常委会制定的地方性法规，还涉及省级人大常委会和自治州人大和常委会制定的地方性法规。

市级和县级人大对同级人大常委会出台的地方性法规和决议决定进行监督时，《地方组织法》规定的标准与《立法法》保持了一致，同样是"不适当"。《地方组织法》第 8 条第 10 项规定，县级以上各级人大有权"改变或者撤销本级人民代表大会常务委员会的不适当的决议"。

地方各级人大对同级政府的规章、决定和命令进行审查时，《地方组织法》规定的标准同样是"不适当"。《地方组织法》第 8 条第 11 项规定，县级以上地方各级人大的职权包括："撤销本级人民政府的不适当的决定和命令。"第 9 条第 9 项规定，乡级人大的职权包括："撤销乡、民族乡、镇的人民政府的不适当的决定和命令。"

县级以上地方人大常委会在监督同级政府制定的地方政府规章、决定和命令时，《立法法》和《地方组织法》规定的标准均为"不适当"。《立法法》第 97 条第 5 项规定："地方人民代表大会常务委员会有权撤销本级人民政府制定的不适当的规章。"《地方组织法》第 44 条第 8 项规定，县级以上人大常委会的职权包括："撤销本级人民政府的不适当的决定和命令。"

县级以上人大常委会对下一级人大和常委会制定的决议和决定进行审查时，《地方组织法》规定的标准同样是"不适当"。《地方组织法》第44条第7项规定，县级以上人大常委会的职权包括："撤销下一级人民代表大会及其常务委员会的不适当的决议。"在一些学者看来，《立法法》和《地方组织法》中规定适当性审查中就应当包括对相关规范是否合宪的审查。①可是，这仅仅是学者的一种解读，究竟这两部法律中规定的"不适当"是否包括不合宪的情形，并不十分清楚。

此外，如果将《地方组织法》第44条第7项中的"决议"作广义理解，既包括决议决定又包括地方性法规，那么在涉及省级人大常委会对设区的市和自治州的人大和常委会制定的地方性法规进行审查的问题上，《地方组织法》的规定与《立法法》就有所区别。涉及省级人大常委会对设区的市和自治州人大或常委会制定的地方性法规进行审查时，《立法法》规定的审查标准包括宪法、法律、行政法规、省级地方性法规和省级政府规章。《立法法》第72条第2款第2句、第3句和第3款规定："设区的市的地方性法规须报省、自治区的人民代表大会常务委员会批准后施行。省、自治区的人民代表大会常务委员会对报请批准的地方性法规，应当对其合法性进行审查，同宪法、法律、行政法规和本省、自治区的地方性法规不抵触的，应当在四个月内予以批准。省、自治区的人民代表大会常务委员会在对报请批准的设区的市的地方性法规进行审查时，发现其同本省、自治区的人民政府的规章相抵触的，应当作出处理决定。"根据《立法法》第72条第5款的规定，自治州人大和常委会制定的地方性法规可以参照设区的市的地方性法规进行制定和批准。该款规定："自治州的人民代表大会及其常务委员会可以依照本条第二款规定行使设区的市制定地方性法

---

① 参见谭清值：《合宪性审查的地方制度构图》，载《政治与法律》2020年第2期。

规的职权。自治州开始制定地方性法规的具体步骤和时间,依照前款规定确定。"由此可见,《地方组织法》的标准是"不适当",《立法法》的标准则是宪法、法律、行政法规、省级地方性法规和省级政府规章。那么,"不适当"是否包括宪法、法律、行政法规、省级地方性法规和省级政府规章,因此《地方组织法》的规定较《立法法》的要更加全面宽泛;抑或"不适当"与宪法、法律、行政法规、省级地方性法规和省级政府规章是两个完全不同的标准,因此涉及对设区的市和自治州的人大和常委会制定的地方性法规进行审查时,应当同时诉诸两种标准,涉及对地方性法规之外的其他下级人大和常委会的决议决定进行审查时,则只诉诸"不适当标准";再抑或"不适当"与宪法、法律、行政法规、省级地方性法规和省级政府规章是一种交叉状态等等,有待进一步解释。

省级人大常委会对自治州和自治县的自治条例和单行条例进行审查时,《立法法》规定的标准就并非"不适当",而是包括宪法、民族区域自治法、其他有关法律和行政法规就民族自治地方所作的规定。《立法法》第75条第2款规定:"自治条例和单行条例可以依照当地民族的特点,对法律和行政法规的规定作出变通规定,但不得违背法律或者行政法规的基本原则,不得对宪法和民族区域自治法的规定以及其他有关法律、行政法规专门就民族自治地方所作的规定作出变通规定。"

省级人大常委会对自治州和设区的市政府制定的地方政府规章进行审查时,《立法法》规定的标准则有两种。第一种是"不适当"。《立法法》第97条第6款规定:"省、自治区的人民政府有权改变或者撤销下一级人民政府制定的不适当的规章"。但是"不适当"标准究竟包括哪些规范,其中是否包括宪法,同样不是十分明晰。第二种是直接规定以法律、行政法规、地方性法规和省级政府规章为依据审查地方政府规章。《立法法》第72条第3款规定:"省、自治区的人民代表大会常务委员会在对报请批准的设区的市的地方性法规进行审查时,发现其同本省、自治区的人民政府的规章相抵触的,应当作出处理决定。"《立法法》第82条第1款和第2款规定:"省、自治区、直辖市和设区的市、自治州的人民政府,可以根据法律、行政法规和本省、自治区、直辖市的地方性法规,制定规章。地方政府规章可以就下列事项作出规定:(一)为执行法律、行政法规、地方性法规的规定需要制定规章的事项;(二)属于本行政区域的具体行政管理事项。"对于这两款规定的执行性的规章,那么其制定和审查的依据就应当包括法律、行政法规、省级人大和常委会制定的地方性法规。《立法法》的82条第5款和第6款又规定了先行性地方政府规章:"应当制定地方性法规但条件尚不成熟的,因行政管理迫切需要,可以先制定地方政府规章……没有法律、行政法规、地方性法规的依据,地方政府规章不得设定减损公民、法人和其他组织权利或者增加其义务的规范。"对于先行性地方政府规章,虽然没有地方性法规作为依据,但是根据本条第2款的规定,一般应当有法律或行政法规作为依据,尤其是在减损公民、法人和其他组织的权利或者增加其义务的规定上,必须有此类依据。因此,在省级人大常委会对自治州和设区的市政府制定的地方政府规章进行审查时,也存在与省级人大常委会对设区的市和自治州人大或常委会制定的地方性法规进行审查时,《立法法》和《地方组织法》规定的标准不尽相同类似的问题。究竟"不适当"标准是否包括不符合法律、行政法规、省级地方性法规和省级政府规章的情况?如果包括的话,那么"不适当"标准除不符合法律、行政法规、省级地方性法规和省级政府规章的情况之外,是否还包括不符合宪法规定的情况;如果"不适当"标准不包括不符合法律、行政法规、省级地方性法规和省级政府规章的情况,那么是否包括不符合宪法的情况。在对自治州和设区的市政府制定的地方政府规章进行审查时,省级人大常委会是应当同时适用"不适当"标准和法律、行政法规、省级地方性法规和省级政府规章依据,还是应当以"不适当"标准为大方向,以法律、行政法规、省级地方性法规和省级政府规章的规定为其核心指向等,也需要予以解释。

而且,除规范之外,地方各级人大和常委会的监督对象还包括地方其他国家机构及其领导人员和重要组成人员的具体行为。县级以上人大有权监督同级人大常委会及其组成人员的行为。《宪法》第103条第1款和第2款规定:"县级以上的地方各级人民代表大会常务委员会……对本级人民代表大会负责并报告工作。县级以上的地方各级人民代表大会选举并有权罢免本级人民代表大会常务委员会的组成人员。"地方各级人大有权监督同级政府、监察委、法院和检察院的工作,以及同级政府组成人员、监察委主任、法院院长和检察院检察长的行为。《宪法》第110条第1款第1句规定:"地方各级人民政府对本级人民代表大会负责并报告工作。"第126条第2句规定:"地方各级监察委员会对产生它的国家权力机关和上一级监察委员会负责。"第133条第2句规定:"地方各级人民法院对产生它的国家权力机关负责。"第138条第2句规定:"地方各级人民检察院对产生它的国家权力机关和上级人民检察院负责。"《监察法》第9条第4款规定:"地方各级监察委员会对本级人民代表大会……负责,并接受其监督。"《法院组织法》第9条第1款第2句和第2款规定:"地方各级人民法院对本级人民代表大会……负责并报告工作。各级人民代表大会……会对本级人民法院的工作实施监督。"《检察院组织法》第9条第1款第2句和第2款规定:"地方各级人民检察院对本级人民代表大会……负责并报告工作。各级人民代表大会……对本级人民检察院的工作实施监督。"对于人员的监督,《宪法》第101条规定:"地方各级人民代表大会分别选举并且有权罢免本级人民政府的省长和副省长、市长和副市长、县长和副县长、区长和副区长、乡长和副乡长、镇长和副镇长。县级以上的地方各级人民代表大会选举并且有权罢免本级监察委员会主任、本级人民法院院长和本级人民检察院检察长……"《地方组织法》第8条第5项规定,县级以上人大的职权包括:"选举省长、副省长,自治区主席、副主席,市长、副市长,州长、副州长,县长、副县长,区长、副区长";第9条第7项规定,乡级人大的职权包括:"选举乡长、副乡长,镇长、副镇长。"但是,该法第10条第1句又规定:"地方各级人民代表大会有权罢免本级人民政府的组成人员。"这意味着地方各级人大有权监督同级政府的所有组成人员。《监察法》第9条第2款规定:"地方各级监察委员会……主任由本级人民代表大会选举。"《地方组织法》第8条第6项规定,县级以上人大的职权包括:"选举本级人民法院院长和人民检察院检察长;选出的人民检察院检察长,须报经上一级人民检察院检察长提请该级人民代表大会常务委员会批准。"第10条规定:"县级以上的地方各级人民代表大会有权罢免本级人民代表大会常务委员会的组成人员和由它选出的人民法院院长、人民检察院检察长。罢免人民检察院检察长,须报经上一级人民检察院检察长提请该级人民代表大会常务委员会批准。"《法院组织法》第43条第1款规定:"地方各级人民法院院长由本级人民代表大会选举。"《检察院组织法》第38条第1款规定:"地方各级人民检察院检察长由本级人民代表大会选举和罢免。"

县级以上人大常委会监督同级政府、监察委、法院和检察院的工作,以及同级政府副职领导人员、秘书长、厅长、局长、委员会主任、科长、监察委副主任和委员、人民法院副院长、审判委员会委员、庭长、副庭长和审判员、检察院副检察长、监察委员会委员,还有下一级检察院检察长的行为。《宪法》第110条第1款第2句规定:"县级以上的地方各级人民政府在本级人民代表大会闭会期间,对本级人民代表大会常务委员会负责并报告工作。"《监察法》第9条第4款规定:"地方各级监察委员会对本级人民代表大会……常务委员会和上一级监察委员会负责,并接受其监督。"《地方组织法》第44条第6项规定,县级以上人大常委会的职权包括:"监督本级人民政府、人民法院和人民检察院的工作。"《法院组织法》第9条第1款第2句和第2款规定:"地方各级人民法院对本级人民代表大会……

常务委员会负责并报告工作。各级人民代表大会……常务委员会对本级人民法院的工作实施监督。"《检察院组织法》第9条第1款第2句和第2款规定:"地方各级人民检察院对本级人民代表大会……常务委员会负责并报告工作。各级人民代表大会……常务委员会对本级人民检察院的工作实施监督。"对于人员的监督,《地方组织法》第44条第9项至第12项规定,县级以上人大常委会的职权包括:"(九)在本级人民代表大会闭会期间,决定副省长、自治区副主席、副市长、副州长、副县长、副区长的个别任免……(十)根据省长、自治区主席、市长、州长、县长、区长的提名,决定本级人民政府秘书长、厅长、局长、委员会主任、科长的任免,报上一级人民政府备案;(十一)按照人民法院组织法和人民检察院组织法的规定,任免人民法院副院长、庭长、副庭长、审判委员会委员、审判员,任免人民检察院副检察长、检察委员会委员、检察员,批准任免下一级人民检察院检察长……(十二)在本级人民代表大会闭会期间,决定撤销个别副省长、自治区副主席、副市长、副州长、副县长、副区长的职务;决定撤销由它任命的本级人民政府其他组成人员和人民法院副院长、庭长、副庭长、审判委员会委员、审判员,人民检察院副检察长、检察委员会委员、检察员,中级人民法院院长,人民检察院分院检察长的职务。"《监察法》第9条第2款规定:"地方各级监察委员会副主任、委员由监察委员会主任提请本级人民代表大会常务委员会任免。"《法院组织法》第43条第1款规定:"地方各级人民法院……副院长、审判委员会委员、庭长、副庭长和审判员由院长提请本级人民代表大会常务委员会任免。"《检察院组织法》第38条第1款和第2款规定:"地方各级人民检察院……副检察长、检察委员会委员和检察员由检察长提请本级人民代表大会常务委员会任免。地方各级人民检察院检察长的任免,须报上一级人民检察院检察长提请本级人民代表大会常务委员会批准。"其中,对于人民法院院长的行为,同级人大常委会和上级人大常委会也有一定的监督的权力。《法院组织法》第

44条第2款规定:"在地方人民代表大会闭会期间,本级人民代表大会常务委员会认为人民法院院长需要撤换的,应当报请上级人民代表大会常务委员会批准。"省级人大常委会还有权监督辖区内中级法院和检察院分院组成人员的行为。《地方组织法》第44条第11项规定:"省、自治区、直辖市的人民代表大会常务委员会根据主任会议的提名,决定在省、自治区内按地区设立的和在直辖市内设立的中级人民法院院长的任免,根据省、自治区、直辖市的人民检察院检察长的提名,决定人民检察院分院检察长的任免。"《法院组织法》第43条第2款规定:"在省、自治区内按地区设立的和在直辖市内设立的中级人民法院院长,由省、自治区、直辖市人民代表大会常务委员会根据主任会议的提名决定任免,副院长、审判委员会委员、庭长、副庭长和审判员由高级人民法院院长提请省、自治区、直辖市人民代表大会常务委员会任免。"《检察院组织法》第38条第3款规定:"省、自治区、直辖市人民检察院分院检察长、副检察长、检察委员会委员和检察员,由省、自治区、直辖市人民检察院检察长提请本级人民代表大会常务委员会任免。"在对其他地方国家机构及其工作人员的行为进行监督的时候,是否包括合宪性监督,同样需要解释。

此外,由于地方各级国家权力机关产生同级法院和检察院,法院和检察院应当向同级人大和常委会负责,受到其监督,省级人大和常委会还监督辖区内的中级法院和检察院分院的工作,因此从权力逻辑和关系上来看,地方各级人大和常委会也有权对法院和检察院出台的规范性文件进行监督。2019年12月16日出台的《法规、司法解释备案审查工作办法》第55条就规定:"地方各级人大常委会参照本办法对依法接受本级人大常委会监督的地方政府、监察委员会、人民法院、人民检察院等国家机关制定的有关规范性文件进行备案审查。"时任全国人大宪法和法律委员会副主任委员沈春耀于2019年12月25日向全国人大常委会作的《全国人大常委会法工委关于2019年备案审查工作情况的报告》中也提到,法工委正在努力推动将地方县级以上人大常委会的备案审查范围逐渐拓展至覆盖同级和下级受到人大监督的所有规范性文件,将"一府一委两院"所有调整公民、法人权利义务关系的规范性文件都纳入人大常委会监督工作范围,实现备案审查的全覆盖。因为,"只要是规范性文件的制定机关属于人大监督对象,这些机关制定的规范性文件就都应当纳入人大备案审查范围"。其中,地方法院、检察院制定的涉及审判、检察工作的规范性文件都应当纳入备案审查范围。根据法工委的统计,截至2019年11月底,有14个省(区、市)将地方有关司法规范性文件即地方法院和检察院涉及审判、检察工作的规范性文件纳入备案审查范围,另有2个省将其纳入依申请审查范围。①其中的监督是否包括合宪性监督,也需要予以解释。

如果诚如学者所说,地方人大和常委会的确有权对相关规范和地方国家机构及其工作人员行为进行宪法监督,那么国务院和地方政府似乎也能够进行宪法监督工作。国务院有权监督其组成部门和地方各级国家行政机关的工作。《宪法》第89条第3款、第4款、第13款和第14款规定,国务院的职权包括:"(三)……统一领导各部和各委员会的工作,并且领导不属于各部和各委员会的全国性的行政工作;(四)统一领导全国地方各级国家行政机关的工作……(十三)改变或者撤销各部、各委员会发布的不适当的命令、指示和规章;(十四)改变或者撤销地方各级国家行政机关的不适当的决定和命令。"《立法法》第98条第4项规定:"部门规章和地方政府规章报国务院备案。"第97条第3项规定:"(三)国务院有权改变或者撤销不适当的部门规章和地方政府规章。"一般认为,领导包括监督。因此,根据宪法的规定,国务院对组成部门和地方各级国家行政机

---

① 《全国人民代表大会常务委员会法制工作委员会关于2019年备案审查工作情况的报告》,2019年12月25日在第十三届全国人民代表大会常务委员会第十五次会议上的报告。也可参见梁鹰:《2019年备案审查工作情况报告述评》,载《中国法律评论》2020年第1期。

关工作的监督既包括对具体行为的监督,也包括对规范的监督。除此之外,国务院还有权监督省级和设区的市人大及其常委会制定的地方性法规,经济特区所在地的省、市的人大及其常委会制定的经济特区法规,以及自治州、自治县的人大制定的自治条例和单行条例。《立法法》第 98 条第 2 项和第 3 项规定:"……(二)省、自治区、直辖市的人民代表大会及其常务委员会制定的地方性法规,报全国人民代表大会常务委员会和国务院备案;设区的市、自治州的人民代表大会及其常务委员会制定的地方性法规,由省、自治区的人民代表大会常务委员会报全国人民代表大会常务委员会和国务院备案;(三)自治州、自治县的人民代表大会制定的自治条例和单行条例,由省、自治区、直辖市的人民代表大会常务委员会报全国人民代表大会常务委员会和国务院备案。"2002 年国务院出台的行政法规《法规规章备案条例》第 3 条对国务院有权进行备案审查的法规和规章进行了综合规定:"法规、规章公布后,应当自公布之日起 30 日内,依照下列规定报送备案:(一)地方性法规、自治州和自治县的自治条例和单行条例由省、自治区、直辖市的人民代表大会常务委员会报国务院备案;(二)部门规章由国务院部门报国务院备案,两个或者两个以上部门联合制定的规章,由主办的部门报国务院备案;(三)省、自治区、直辖市人民政府规章由省、自治区、直辖市人民政府报国务院备案;(四)较大的市的人民政府规章由较大的市的人民政府报国务院备案,同时报省、自治区人民政府备案;(五)经济特区法规由经济特区所在地的省、市的人民代表大会常务委员会报国务院备案。"第 2 条对这里的法规和规章作出了解释:"本条例所称法规,是指省、自治区、直辖市和较大的市的人民代表大会及其常务委员会依照法定职权和程序制定的地方性法规,经济特区所在地的省、市的人民代表大会及其常务委员会依照法定职权和程序制定的经济特区法规,以及自治州、自治县的人民代表大会依照法定职权和程序制定的自治条例和单行条例。本条例所称规章,包括部门规章和地方政府规章。部门规章,是指国务院各部、各委员会、中国人民银行、审计署和具有行政管理职能的直属机构……根据法律和国务院的行政法规、决定、命令,在本部门的职权范围内依照《规章制定程序条例》制定的规章。地方政府规章,是指省、自治区、直辖市和较大的市的人民政府根据法律、行政法规和本省、自治区、直辖市的地方性法规,依照《规章制定程序条例》制定的规章。"

国务院审查法规和规章的标准,在《法规规章备案条例》第10条中进行规定,包括:"(一)是否超越权限;(二)下位法是否违反上位法的规定;(三)地方性法规与部门规章之间或者不同规章之间对同一事项的规定不一致,是否应当改变或者撤销一方的或者双方的规定;(四)规章的规定是否适当;(五)是否违背法定程序。"如果根据学者的解读,《立法法》和《地方组织法》中的"不适当"包括不合宪的情形,那么《法规规章备案条例》中"是否适当"的审查也可以解释为包括合宪性审查。根据这一解释,国务院也可以对法规和规章进行宪法监督。

还有学者提出,省级政府也能够在行政规范性文件的起草过程中进行合宪性审查。例如,天津市、广东和湖北省政府就在其规范性文件管理规定中提出了制定行政规范性文件应当进行合宪性控制。2005年出台的《广东省行政机关规范性文件管理规定》第7条规定:"制定规范性文件,应当符合宪法。"2008年出台的《天津市行政规范性文件管理规定》第5条规定:"行政规范性文件的内容不得违反宪法。"2015年出台的《湖北省行政规范性文件管理办法》第10条规定:"起草规范性文件应当符合下列规定:符合宪法、法律、法规、规章……"①此外,根据《立法法》的规定,省级政府也有权监督设区的市、自治州或其下一级政府制定的地方政府规章。《立法法》第98条第4项规定:"设区的市、自治州的人民政府制定

---

① 参见谭清值:《合宪性审查的地方制度构图》,载《政治与法律》2020年第2期。

的规章应当同时报省、自治区的人民代表大会常务委员会和人民政府备案。"第 97 条第 6 项规定："省、自治区的人民政府有权改变或者撤销下一级人民政府制定的不适当的规章。"《湖北省行政规范性文件管理办法》第 26 条给出的审查标准是："规范性文件与法律、法规、规章、上级规范性文件相抵触或者规定不适当的,经法制机构提出建议,由规范性文件制定机关在 15 日内自行撤销、变更或者改正。"对于省级政府对行政规范性文件的事前控制,合宪性标准较为突出,对于事后的审查,则同样要考虑是否能够通过适当性审查标准予以纳入。

除了既有法律法规中规定的"不适当"标准是否包括不符合宪法的情况、以及以"不适当"标准纳入合宪性审查可能大面积拓宽具有宪法监督职权的机构范围之外,地方国家权力机关作为宪法监督机关还存在另外一个问题,就是它们监督的这些规范和行为是否适宜作为合宪性审查的对象。刘连泰和刘志刚教授曾经指出,合宪性审查应当建立某种"过滤"机制,将审查的对象集中于那些依据宪法制定、有直接违宪可能的法律、职权性行政法规和监察法规,以及先试先行性地方性法规。[1]对于依据法律或下位法规制定的规章、执行性行政法规和地方性法规,应当以合法性审查为主。

应当直接进行合宪性审查的规范包括法律、职权性行政法规、领导性监察法规、先行性地方性法规。法律是直接依据宪法制定的,所以对其进行审查的时候应当以合宪性为核心标准。对于国务院的行政法规,则只有职权性行政法规才进行合宪性审查。根据《立法法》的规定,国务院有两种形式的立法权,即"执行性行政法规制定权"和"职权性行政法规制定权"。《立法法》第 65 条第 1 款和第 2 款规定:"国务院根据宪法和法律,制定行政法规。行政法规可以就下列事项作出规定:(一)为执行法律的

① 参见刘连泰:《中国合宪性审查的宪法文本实现》,载《中国社会科学》2019 年第 5 期;刘志刚:《论我国合宪性审查机构与合宪性审查对象的衔接》,载《苏州大学学报》2019 年第 3 期。

规定需要制定行政法规的事项;(二)宪法第八十九条规定的国务院行政管理职权的事项。"虽然第 1 款强调国务院的行政法规应当根据宪法和法律制定,但是并没有局限于必须有先导性的法律方能制定。有先导性的法律存在的行政法规,称之为"执行性行政法规",即是为了执行法律的规定制定的。这种行政法规的制定依据主要是法律,因此在审查的过程中也应当主要以是否符合法律的规定为依据。如果没有先导性的法律存在,那么国务院也可以直接依据宪法制定行政法规,其制定依据就是《宪法》第 89 条规定的国务院的行政管理职权。该条规定:"国务院行使下列职权:(一)根据宪法和法律,规定行政措施,制定行政法规,发布决定和命令;(二)向全国人民代表大会或者全国人民代表大会常务委员会提出议案;(三)规定各部和各委员会的任务和职责,统一领导各部和各委员会的工作,并且领导不属于各部和各委员会的全国性的行政工作;(四)统一领导全国地方各级国家行政机关的工作,规定中央和省、自治区、直辖市的国家行政机关的职权的具体划分;(五)编制和执行国民经济和社会发展计划和国家预算;(六)领导和管理经济工作和城乡建设、生态文明建设;(七)领导和管理教育、科学、文化、卫生、体育和计划生育工作;(八)领导和管理民政、公安、司法行政等工作;(九)管理对外事务,同外国缔结条约和协定;(十)领导和管理国防建设事业;(十一)领导和管理民族事务,保障少数民族的平等权利和民族自治地方的自治权利;(十二)保护华侨的正当的权利和利益,保护归侨和侨眷的合法的权利和利益;(十三)改变或者撤销各部、各委员会发布的不适当的命令、指示和规章;(十四)改变或者撤销地方各级国家行政机关的不适当的决定和命令;(十五)批准省、自治区、直辖市的区域划分,批准自治州、县、自治县、市的建置和区域划分;(十六)依照法律规定决定省、自治区、直辖市的范围内部分地区进入紧急状态;(十七)审定行政机构的编制,依照法律规定任免、培训、考核和奖惩行政人员;(十八)全国人民代表大会和全国人民代表大会常务委员会授予的其他职权。"在这些事项范围内,国务院可以直接依据《宪法》的规定,制定行政法规。此类行政法规可以称之为"职权性行政法规"。由于此类行政法规制定的依据是《宪法》,尤其是在没有先导性法律存在的情况下制定的,因为适宜也应当对其进行合宪性审查。监督国务院行为和国务院行政法规的职权在于全国人大和全国人大常委会,对执行性行政法规和职权性行政法规进行审查时,应当分别进行合法性和合宪性审查。审查的机关并未进行区分,区分的仅仅是审查的标准。

监察法规可以分为"执行性监察法规"和"领导性监察法规"。全国人大常委会《关于国家监察委员会制定监察法规的决定》的第1点规定:"国家监察委员会根据宪法和法律,制定监察法规。监察法规可以就下列事项作出规定:(一)为执行法律的规定需要制定监察法规的事项;(二)为履行领导地方各级监察委员会工作的职责需要制定监察法规的事项。监察法规不得与宪法、法律相抵触。"这样的规定与《立法法》对国务院制定行政法规权限的规定有些类似,也是区分了两种不同类型的监察法规。但是与行政法规不同,这里的区分并非执行性的和职权性的,而是区分了执行性的和领导性的。对于监察法规来说,执行性监察法规其实包括了对行政法规进行分类时的执行性和职权性,因为监察委的职权也由法律规定。《宪法》第124条第4款规定:"监察委员会的组织和职权由法律规定。"这意味着《宪法》将规定监察委职权的权力赋予了法律。《监察法》第11条根据宪法的授权规定:"监察委员会依照本法和有关法律规定履行监督、调查、处置职责:(一)对公职人员开展廉政教育,对其依法履职、秉公用权、廉洁从政从业以及道德操守情况进行监督检查;(二)对涉嫌贪污贿赂、滥用职权、玩忽职守、权力寻租、利益输送、徇私舞弊以及浪费国家资财等职务违法和职务犯罪进行调查;(三)对违法的公职人员依法作出政务处分决定;对履行职责不力、失职失责的领导人员进行问责;对涉嫌职务犯罪的,将调查结果移送人民检察院依法审查、提起公诉;向监察对象所在单位提出监察建议。"因此无论是"为了执行法律的规定",还是为了履行监察委的工作职责,其依据均是法律,均是为了贯彻落实法律的具体规定,因而在对其进行审查的时候也均应以法律作为审查依据。另一种类型则是领导性的,即"为履行领导地方各级监察委员会工作的职责"。关于上下级监察委之间的领导和被领导关系,其直接依据是《宪法》第125条第2款的规定:"国家监察委员会领导地方各级监察委员会的工作,上级监察委员会领导下级监察委员会的工作。"因此,对于领导性监察法规,审查的标准应当是其合宪性。

对于地方性法规,根据《立法法》第73条的规定,既有"执行性地方性法规",也有"先行先试性地方性法规",后者可以简称为"先行性地方性法规"。《立法法》第73条第1款和第2款第1句规定:"地方性法规可以就下列事项作出规定:(一)为执行法律、行政法规的规定,需要根据本行政区域的实际情况作具体规定的事项;(二)属于地方性事务需要制定地方性法规的事项。除本法第八条规定的事项外,其他事项国家尚未制定法律或者行政法规的,省、自治区、直辖市和设区的市、自治州根据本地方的具体情况和实际需要,可以先制定地方性法规。"对于执行法律、行政法规规定制定的地方性行政法规,称为"执行性地方性法规"。这类地方性法规是根据法律和行政法规的先行规定制定的,因此在对其进行审查时,应当以合法性和合规性审查为主。对于第2款第1句规定的地方性法规,是在尚无先导性法律或行政法规存在的情况下制定的。虽然本条并未明确其制定的依据和审查的标准,但是《立法法》第87条非常明确地写明:"宪法具有最高的法律效力,一切法律、行政法规、地方性法规、自治条例和单行条例、规章都不得同宪法相抵触。"因此,对"先行性地方性法规"进行审查时,应当纳入合宪性标准。

有学者指出,设区的市的地方性法规由于要经过省级人大常委会批准之后方才生效,在批准中主要进行的是合法性审查,因此对于设区的市的地方性法规来说,无论是执行性的还是先行性的,都不再需要进行合宪性审查。①依据是《立法法》第72条第2款第2句和第3句的规定:"设区的市的地方性法规须报省、自治区的人民代表大会常务委员会批准后施行。省、自治区的人民代表大会常务委员会对报请批准的地方性法规,应当对其合法性进行审查,同宪法、法律、行政法规和本省、自治区的地方性法规不抵触的,应当在四个月内予以批准。"不过,该条第5款第1句还规定:"自治州的人民代表大会及其常务委员会可以依照本条第二款规定行使设区的市制定地方性法规的职权。"如果设区的市的地方性法规在审查时不进行合宪性审查的话,那么同理,自治州地方性法规也不应当进行合宪性审查。学者提出的执行性地方性法规和先行性地方性法规的分类在设区的市和自治州一级就不再有意义。笔者认为,对于第72条第2款第2句和第3句的解释未必就必须如此。《立法法》第98条第2项还规定:"设区的市、自治州的人民代表大会及其常务委员会制定的地方性法规,由省、自治区的人民代表大会常务委员会报全国人民代表大会常务委员会和国务院备案。"对于先行性行政法规,完全可以由全国人大常委会在其备案的时候再进行一次合宪性审查。根据这一方案,省级人大常委会对设区的市和自治州的地方性法规进行批准时,应当以合法性审查为主,当该法规到全国人大常委会和国务院备案的时候,国务院则应当再进行一次合规性审查,全国人大常委会则区分执行性地方性法规和先行性地方性法规,分别再进行合法性和合宪性审查。

与设区的市和自治州人大和常委会制定的地方性法规类似,对于自治州和自治县人大制定的自治条例和单行条例,也可以实行在批准的时候进行合法性和合规(地方性法规)性审查,备案的时候进行合宪性和合规(行政法规)性审查的程序。《立法法》第75条第1款规定:"民族自治

---

① 参见刘志刚:《论我国合宪性审查机构与合宪性审查对象的衔接》,载《苏州大学学报》2019年第3期。

地方的人民代表大会有权依照当地民族的政治、经济和文化的特点，制定自治条例和单行条例。自治区的自治条例和单行条例，报全国人民代表大会常务委员会批准后生效。自治州、自治县的自治条例和单行条例，报省、自治区、直辖市的人民代表大会常务委员会批准后生效。"第 98 条第 3 项规定："自治州、自治县的人民代表大会制定的自治条例和单行条例，由省、自治区、直辖市的人民代表大会常务委员会报全国人民代表大会常务委员会和国务院备案。"在省级人大常委会对自治州和自治县的自治条例和单行条例进行批准的时候，可以对其是否符合法律和省级地方性法规进行审查。在省级人大常委会上报全国人大常委会和国务院进行备案的时候，由它们分别对其是否符合"宪法和民族区域自治法的规定以及其他有关法律、行政法规专门就民族自治地方所作的规定"以及是否符合"法律或者行政法规的基本原则"进行审查。对于自治区人大制定的自治条例和单行条例，其批准主体就是全国人大常委会，因此可以在批准过程中直接进行合宪性和合法性审查。

笔者赞同刘连泰和刘志刚教授的观点，认为除上述法律、职权性行政法规、领导性监察法规、省级先行性地方性法规、设区的市和自治州地方性法规在全国人大常委会备案过程中，自治区自治条例和单行条例、自治州和自治县的自治条例和单行条例在全国人大常委会备案过程中，应予进行合宪性审查之外，对于执行性行政法规、执行性监察法规、设区的市和自治州地方性法规在省级人大常委会批准过程中，自治州和自治县的自治条例和单行条例在省级人大常委会批准过程中，以及部门规章、地方政府规章和司法解释等，都只应当进行合法性和合规（地方性法规和行政法规）性审查。对于执行性行政法规、执行性监察法规、设区的市和自治州地方性法规在省级人大常委会批准过程中，自治州和自治县的自治条例和单行条例在省级人大常委会批准过程中的合法性和合规性审查，前面已经述及。对于部门规章，《立法法》第 80 条规定："国务院各部、委员会、中国人民银行、审计署和具有行政管理职能的直属机构,可以根据法律和国务院的行政法规、决定、命令,在本部门的权限范围内,制定规章。部门规章规定的事项应当属于执行法律或者国务院的行政法规、决定、命令的事项。没有法律或者国务院的行政法规、决定、命令的依据,部门规章不得设定减损公民、法人和其他组织权利或者增加其义务的规范,不得增加本部门的权力或者减少本部门的法定职责。"由此可见,部门规章的制定必须有先导性的法律或国务院行政法规、决定、命令的存在,因此对于部门规章的审查应当以合法性和合规(行政法规)性为主。

对于地方政府规章也是类似的。《立法法》第 82 条第 1 款和第 2 款规定:"省、自治区、直辖市和设区的市、自治州的人民政府,可以根据法律、行政法规和本省、自治区、直辖市的地方性法规,制定规章。地方政府规章可以就下列事项作出规定:(一)为执行法律、行政法规、地方性法规的规定需要制定规章的事项;(二)属于本行政区域的具体行政管理事项。""为执行法律、行政法规、地方性法规的规定"制定的地方政府规章必然有先行的法律、行政法规或地方性法规作为依据,因此对其的审查也应当以合法性和合规(行政法规和地方性法规)性为主。对于何为"属于本行政区域的具体行政管理事项",同样是由法律进行规定的。《地方组织法》第 59 条规定:"县级以上的地方各级人民政府行使下列职权:(一)执行本级人民代表大会及其常务委员会的决议,以及上级国家行政机关的决定和命令,规定行政措施,发布决定和命令;(二)领导所属各工作部门和下级人民政府的工作;(三)改变或者撤销所属各工作部门的不适当的命令、指示和下级人民政府的不适当的决定、命令;(四)依照法律的规定任免、培训、考核和奖惩国家行政机关工作人员;(五)执行国民经济和社会发展计划、预算,管理本行政区域内的经济、教育、科学、文化、卫生、体育事业、环境和资源保护、城乡建设事业和财政、民政、公安、民族事务、司法行政、监察、计划生育等行政工作;(六)保护社会主义的全民所有的财产和劳动群众集体所有的财产,保护公民私人所有的合法财产,维护社会秩序,保障公民的人身权利、民主权利和其他权利;(七)保护各种经济组织的合法权益;(八)保障少数民族的权利和尊重少数民族的风俗习惯,帮助本行政区域内各少数民族聚居的地方依照宪法和法律实行区域自治,帮助各少数民族发展政治、经济和文化的建设事业;(九)保障宪法和法律赋予妇女的男女平等、同工同酬和婚姻自由等各项权利;(十)办理上级国家行政机关交办的其他事项。"第61条规定:"乡、民族乡、镇的人民政府行使下列职权:(一)执行本级人民代表大会的决议和上级国家行政机关的决定和命令,发布决定和命令;(二)执行本行政区域内的经济和社会发展计划、预算,管理本行政区域内的经济、教育、科学、文化、卫生、体育事业和财政、民政、公安、司法行政、计划生育等行政工作;(三)保护社会主义的全民所有的财产和劳动群众集体所有的财产,保护公民私人所有的合法财产,维护社会秩序,保障公民的人身权利、民主权利和其他权利;(四)保护各种经济组织的合法权益;(五)保障少数民族的权利和尊重少数民族的风俗习惯;(六)保障宪法和法律赋予妇女的男女平等、同工同酬和婚姻自由等各项权利;(七)办理上级人民政府交办的其他事项。"这些就是"属于本行政区域的具体行政管理事项。"对这些事项进行调整制定规章时,同样是以法律作为依据的,因此也应当以合法性审查为主。此外,《地方组织法》第60条第1款明确规定:"省、自治区、直辖市的人民政府可以根据法律、行政法规和本省、自治区、直辖市的地方性法规,制定规章,报国务院和本级人民代表大会常务委员会备案。设区的市的人民政府可以根据法律、行政法规和本省、自治区的地方性法规,制定规章,报国务院和省、自治区的人民代表大会常务委员会、人民政府以及本级人民代表大会常务委员会备案。"这意味着地方政府规章必须依据法律、行政法规和地方性法规制定,对其进行审查的时候也应当以合法性和合规(行政法规和地方性法规)性审查为主。

对于司法解释,也应当主要进行合法性审查。《立法法》第104条第1款规定:"最高人民法院、最高人民检察院作出的属于审判、检察工作中具体应用法律的解释,应当主要针对具体的法律条文,并符合立法的目的、原则和原意。遇有本法第四十五条第二款规定情况的,应当向全国人民代表大会常务委员会提出法律解释的要求或者提出制定、修改有关法律的议案。"这意味着最高法和最高检的司法解释只能就具体应用法律的情况作出规定,如果没有先导性的法律存在,那么司法解释不能凭空出台。对于应用法律的解释,也应当以合法性审查为主。

之所以合宪性审查或宪法监督的范围应当有所限定,其一是避免全国人大常委会需要对所有要批准或备案的文件进行合宪性审查,缓解其在合宪性审查工作全面展开之后可能面临的工作量大幅增加的问题。其二是并非所有的规范均是根据宪法作出的,对于那些不应当直接依据宪法制定的规范,应当更加强调对它们的合法性和合规(行政法规和地方性法规)性审查,以免因合宪性审查的存在冲淡合法性和合规性审查的必要性。与此同时,通过合法性和合规性审查突出这些规范在法律体系中的位阶和效力等级,避免其出现突破上位法规定而直面宪法制度的倾向,并避免可能会因此造成的规范体系混乱的局面。其三是在我国现行《宪法》《立法法》《地方组织法》和相关法律法规的规定中,对不同规范进行审查的是不同的机关,如果所有这些审查机关都对规范进行合宪性审查的话,那么必然会出现对宪法理解不一致的问题。郑磊教授就指出,"司法部审查研究上位法依据的现实着眼点,更多在于是否符合行政法规。但是,司法部发现存在抵触瑕疵的问题件,到了法工委并不必然成立,后者更侧重于从更高位阶的法律层面综合全面审查研究。上位法依据着眼点的区别带来了司法部不同于法工委的审查基准运用情况,有其存在的意义,更有趋于统一的必要。司法部应参照法工委关于审查基准的把握,完善和调整其审查活动"。①但是,笔者认为,统一审查基准的建议既不现实也不科学,毕竟每个机关都有各自的职权和考量。这些机关不仅在审查统一规范时诉诸的主要规范标准不同,在诉诸同一规范标准——例如宪法——时,也会因为其职权定位而对该标准作出不同的解释。例如,法国宪法委员会和最高法院就曾经对法国《1958 年宪法》上规定的"拥有适当住房"条款作出几乎完全相反的解释。②可行的解决方案或许应当是将合宪性审查的职权固定由全国人大和全国人大常委会行使,国务院主要进行合规(行政法规)性审查,地方各级人大和常委会主要进行合法性和合规(地方性法规)性审查。

不过,由全国人大和全国人大常委会统一行使宪法监督权力并不排斥国务院、地方人大和常委会将合宪性作为其"适当性"审查标准的一部分。只是在这种审查过程中,国务院、地方人大和常委会对于宪法的具体含义和据此作出的对相关规范是否合宪的判断,并非绝对的和终局性的。换句话说,对于宪法的含义和宪法审查的结果,只有全国人大和全国人大常委会具有最终的决定权。③由众多机构享有宪法解释的权力,但是由一个机构集中对宪法作出权威性和终局性的解释和审查结论是各国的通例。例如,在美国,国会和总统也能够作出宪法解释,总统可以对不合宪的法律行使"口袋权",国会也可以以自己对宪法的理解制定法律,④但是这些解释的正误最终要靠法院尤其是联邦最高法院来判断和宣告。在法国,对已经过议会投票但未生效的普通法律,以及尚未批准或认可的国际

---

① 郑磊、赵计义:《2019 年备案审查年度报告评述》,载《中国法律评论》2020 年第 2 期。

② 宪法委员会 98-403 号裁决,宪法委员会 2000-436 号裁决;法国最高法院 2004 年 12 月 15 日 02-20614 号案件,转引自李滨:《法国违宪审查制度探析》,载《北方法学》2008 年第 3 期。

③ 类似观点可参见田伟:《规范合宪性审查决定的类型与效力》,载《中国法律评论》2020 年第 1 期。

④ 参见韩大元、张翔等:《宪法解释程序研究》,中国人民大学出版社 2016 年版,第 40 页。

条约或协定，可以由总统、总理、国民议会议长、参议院议长，或由 60 名国民议会议员或 60 名参议员提交宪法委员会进行合宪性审查。[①]这意味着这些主体也能够根据自己的理解对宪法作出解释，尤其是在他们所作出的解释可能与议会整体对宪法的解释不同之时；但是，究竟哪一方的解释是对宪法的准确解读，最终由宪法委员会给出答案。全国人大和全国人大常委会与其他国家机构之间就宪法解释和宪法监督问题之上的关系也可以作此种理解，即其他国家机构也可以对宪法作出自己的理解，并就相关规范是否合宪作出自己的判断，但是这种理解和判断并不具有权威性，它们均须以全国人大和全国人大常委会的解释和决定为准。有鉴于此，根据笔者对宪法监督机关含义的选取，即享有宪法监督权力，能够作出权威性、终局性宪法监督决定的主体，宪法监督的机关只能是全国人大和全国人大常委会，国务院、地方各级人大和常委会不能作为宪法监督的机关。

（二）是否应当重构宪法监督机构？

在宪法监督机构的问题上，值得注意的是，虽然我国学界普遍认为，宪法监督的机关应当是宪法和法律委员会，或者是宪法和法律委员会与法工委一起，或者是宪法和法律委员会主导、法工委辅助，或者是表面上的宪法和法律委员会、实质上的法工委，但是不可否认的是，宪法和法律委员会与法工委还承担着重要的事前合宪性控制的职能。

宪法和法律委员会作为全国人大的常设和固定的专门委员会，由其承担在审议过程中对法律草案的合宪性控制功能实属必须。在世界上的大多数国家，对立法进行事前的合宪性控制均是由立法机关内部的委员会具体进行的。例如，在英国，事前把控法律案合宪性的议会常设委员会包括委任权力与规制改革委员会、宪法委员会、行政立法性文件委员会、

---

① 法国《1958 年宪法》第 61 条。

欧盟特别委员会和人权联合委员会等。①各常设委员会对法律案的审查通常在二读之后进行，是决定议案能否最终进入议会投票表决程序的关键环节。同属于不成文宪法国家的瑞典，对法律案的合宪性控制主要由议会常设的宪法委员会进行。根据瑞典《议会法》的规定，宪法委员会有权自己提出或筹备由内阁、其他委员会、非常设委员会或议员个人向议会提出的议案或动议（个人提出称之为动议），其中涉及宪法和一般行政法和表达自由的立法问题、国家审计办公室的事务、议会以及除瑞典银行之外的一般议会下属机构的事务、县政府管理以及县行政区的划分、地方自治、议会对起诉议员或干涉议员人身自由措施的批准，以及政府行使治理职权所需要的拨款事务等方面的问题，属宪法委员会筹备范围内。②此外，对于议会有待最后通过的决议案，由宪法委员会提出。③瑞典宪法委员会的职权与我国宪法和法律委员会的职权多有相似之处。

我国《立法法》在2000年出台之时，就规定了法律委员会统一审议法律案的职责，在2015年修订之时专门增加了一条，即第53条，规定全国人大的专门委员会"应当提前参与有关方面的法律草案起草工作"，"综合性、全局性、基础性的重要法律草案"也可以由专门委员会组织起草。这些规定呈现出的趋势，更加强调人大专门委员会——尤其是法律委员

①　其中，上议院委任权力与规制改革委员会审查法律案的条款是否将立法权力不恰当地交由行政等机关行使，以及这种委托是否会对立法机关自身造成不恰当的限制。上议院宪法委员会审查公法议案的宪法含义，根据其他委员会和自身的审查，判断议案是否涉及对英国宪法规范和原则的修正和调整，从而确保此类活动全部由议会做出。行政立法性文件联合委员会审查根据议会立法授权制定的行政立法性文件，但是地方当局及其下属机构制定的行政立法性文件不在其审查范围内，除非被要求在议会中提出；如果立法性文件是在下议院提出的，那么只能由联合委员会下议院议员组成的行政立法性文件特别委员会进行审查。欧盟特别委员会负责对英国政府在欧盟部长委员会中提出或同意的议案进行审查，其中是否存在与英国宪法原则或立法权力不相符合之处；欧盟特别委员会包括上议院的欧盟委员会和下级委员会以及下议院的欧洲审查委员会。人权联合委员会是上下议院议员联合组成的委员会，负责法律案是否与《人权法案》的要求相抵触。

②　《瑞典议会法》第4章第6条之一。

③　《瑞典议会法》第3章第14条。

会——在立法过程中的参与。正如有学者所说，"人大专门委员会虽然不是最后决定问题的权力机关，但却……不同于一般的工作机构，是人大及其常委会依法履行职权不可或缺的组织保证和工作环节"。[①]

根据《全国人大常委会的办事机构和工作机构》的规定，法工委与宪法和法律委员会一样，也承担着重要的对立法进行事前合宪性控制的职能。由于宪法和法律委员会与法工委在人员组成上基本重合，办事机构也共用一套，因此在事实上，真正进行宪法和法律委员会工作的实际上就是法工委。有鉴于此，这里对宪法和法律委员会承担事前合宪性控制工作的定位也适用于全国人大常委会的法工委。

作为法律案合宪性控制的核心机构，宪法和法律委员会和法工委适宜承担对法规和司法解释的合法性审查职能。原因在于，两个委员会是对法律的目的、精神、原则，以及具体规定把握最为成熟的机构。在全国人大和常委会的立法过程中，由法律委员会对法律草案进行审议几乎是必经程序。三审通过的法律，后两次审议均由法律委员会进行，并由其提出法律草案修改稿和最终决议稿。法律委员会等专门委员会还应当提前参与相关法律草案的起草，对于"综合性、全局性、基础性的重要法律草案"还可以由其组织起草。这意味着在大多数法律的立法过程中，接触法律案最多的、对其了解最为深入的一定是法律委员会。有鉴于此，在全国人大及其常委会内部，法律委员会、现在的宪法和法律委员会，以及法工委，是承担具体审议和判断法规和司法解释是否与法律的目的、精神、原则或规定相抵触的最适合机构。

如果宪法和法律委员会与法工委适宜对法规和司法解释进行合法性审查，那么在现阶段，由它们对法规和司法解释进行合宪性审查也具有一定的合理性。其一，在合法性审查过程中经常会暴露出相关法规的合宪

---

① 周长鲜：《论人大专门委员会的性质和法律定位》，载《人大研究》2017 年第 4 期。

性问题,因此由两个委员会直接进行下一阶段的审查在逻辑上较为连贯,工作衔接也较为顺畅。①其二,《立法法》《全国人大组织法》和《监督法》在规定法律委员会(事实上的法工委)的相关职权时并没有区分其所审查法规的合宪性和合法性问题。例如,《全国人大组织法》第 37 条第 1 款第 3 项的用语是"审议······被认为同宪法、法律相抵触的······行政法规、决定和命令······"《立法法》第 99 和 100 条的用语是"行政法规、地方性法规、自治条例和单行条例同宪法或者法律相抵触的"。只有《监督法》第 32 条和第 33 条明确将专门委员会审查司法解释的范围限制在最高人民法院和最高人民检察院"作出的具体应用法律的解释同法律规定相抵触的"。既然在规范依据上,法律委员会和法工委已然享有合宪性审查的职能,那么在更名之后由其实质上承担无可厚非。②

但是,在不远的未来,我国的宪法审查机制或许会面临需要对全国人大和全国人大常委会出台的法律进行合宪性审查的需要。或许正如学者所言,既然对法律草案的合宪性控制由宪法和法律委员会与法工委进行,那么对法律的事后合宪性审查职能就不宜仍然由其承担。③有学者曾经建议在全国人大和常委会之外设立独立的合宪性审查机关的一个重要理由,就是对于它们所制定的法律,事后仍由同样的机关进行审查无法确保审查的有效性。④当然,由于我国《宪法》将宪法监督的职权明确赋予全国人大和常委会,因此自 20 世纪 80 年代以来,学界的主流观点集中对全国人大内部设立合宪性审查机构表示赞同。⑤笔者也赞同这一观点,但是同

---

① 邹平学:《宪法和法律委员会的目标定位与机制创新》,载《中国法律评论》2018 年第 4 期。
② 胡锦光:《论设立"宪法和法律委员会"的意义》,载《政法论丛》2018 年第 3 期;范进学:《全国人大宪法和法律委员会的功能与使命》,载《华东政法学院学报》2018 年第 4 期。
③ 类似观点可参见田伟:《宪法和法律委员会规范合宪性审查的程序类型》,载《华东政法大学学报》2018 年第 4 期。
④ 例如上官丕亮:《当下中国宪法司法化的路径与方法》,载《现代法学》2008 年第 2 期。
⑤ 参见刘志刚:《论我国合宪性审查机构与合宪性审查对象的衔接》,载《苏州大学学报》2019 年第 3 期。

样赞同的是，在人大和常委会内部事前控制和事后审查的机关应当予以分离。①即便是在1998年之前秉承立法机关宪法审查模式的英国，对法律案进行事前合宪性控制的机构也与掌握事后审查决定权的机构互不相同。如前所述，英国议会中对法律案的合宪性问题进行审议和报告的主要是上议院委任权力与规制改革委员会、上议院宪法委员会、上下议院行政立法性文件联合委员会、上下议院各自的欧盟特别委员会等，对法律的事后审查则由一个独立的议会委员会进行，称为"法律委员会"。法律委员会的职责主要是推动法律改革，即在御前大臣（Lord Chancellor）批准或政府部门委托之下研究修改或废止既有法律、创制新法律，以实现英国法律体系的简化和革新。②法律委员会的法律改革建议需要最终经过议会的通过方才生效，因此其并非法律事后合宪性审查的决定机关，但是在其研究和审议相关法律的过程中，实际上承担起具体的审查职能。在事前审查和事后审查机构在立法机关内部分立的基础上，近二十多年来，英国更加积极地推动二者的完全独立。先是1998年《人权法》（*Human Rights Act*）赋予了普通法院的法官宣告国会立法与《欧洲人权公约》中保障公民权利的规定"不相符合"（declaration of incompatibility）的权力。随后2005年的《宪法改革法》（*The Constitutional Reform Act*）将英国上议院的全部司法职权和枢密院司法委员会所享有的涉及权力下放问题的诉讼管辖权剥离，归属于新设立的最高法院享有。2009年10月1日，最高法院开始运作，司法权力以及其中蕴含的对议会立法事后合宪性审查的权力正式从立法机关中独立出来。英国的这一举措稍显晚近，但是却反映

---

① 参见王理万：《立法官僚化——理解中国立法过程的新视角》，载《中国法律评论》2016年第2期；田伟：《宪法和法律委员会规范合宪性审查的程序类型》，载《华东政法大学学报》2018年第4期。

② *Law Commissions Act 1965* Art. 3.涉及苏格兰法律体系有专门的苏格兰法律委员会Scottish Law Commission，但是其与法律委员会的职责与工作程序类似，因而不就苏格兰法律委员会作另外介绍。

出世界各国宪法审查机构独立化的整体倾向。当然,将对法律的事后合宪性审查职能从立法机关中独立出来并赋予审判或其他独立权力系统与我国的人民代表大会制度不符,因此英国宪法审查制度的最新发展并不适用于我国;但是,无论从审查的原理考虑,还是从审查机构的独立化趋势来看,宪法和法律委员会与法工委都不宜既承担对法律的事前合宪性控制功能,又对法律进行事后合宪性审查。

如果未来对法律进行合宪性审查的机构不应当是宪法和法律委员会与法工委,那么对法规和司法解释进行合宪性审查的机构似乎也不应当是这两个委员会。按照各国的合宪性审查机构设置原理,对相关的规范进行合宪性审查的机构应当同一。否则,如果几个机构都拥有权威的合宪性审查权力,那么对于它们之间对宪法的不同理解将没有一个机构能够形成最终定论。例如在法国,对法律进行合宪性审查的机构就与对行政机关条例、指令和命令的审查机构不同一,前者是宪法委员会,而后者是行政法院,这就为二者之间对宪法的不同理解提供了土壤。宪法委员会自己也并不讳言,它"并不处在普通法院体系和行政法院体系的顶端,从这个意义上来说,其并非最高法院"。[1]因此,宪法委员会的裁决对普通法院和行政法院并没有直接拘束力。法国《1958 年宪法》第 62 条关于"宪法委员会的裁决……对公权机关及所有行政机关、司法机关具有拘束力"的规定,事实上要依靠行政法院和普通法院的自愿遵守。例如,宪法委员会和最高法院就曾经就"拥有适当住房"这一权利的可诉性问题作出了截然相反的解释。法国《1958 年宪法》明确承认了国际条约和协定"经正式批准或认可,自公布之日起具有优于法律的效力"[2],根

---

① 这句话源自宪法委员会的官网:http://www.conseil-constitutionnel.fr/langues/francais/fra1.htm,转引自吴天昊:《法国宪法委员会的组织与活动研究》,上海交通大学博士学位论文 2007 年,第 66 页。

② 《法国 1958 年宪法》第 55 条。

据这一条款,"拥有适当住房"被视为一项由宪法所保障的基本权利。在1995 年 1 月 19 日作出的一项裁决中,宪法委员会认为这一权利尽管重要,但是并非一项具体人权,其所提出的是针对立法和行政机关的,应当通过制定法律或行政条例保障公民拥有适当住房的义务。换句话说,适当住房的权利不具有可诉性,不能够作为裁断具体案件中当事人是否享有权利或承担义务的依据。① 在 2000 年的一项裁决中,宪法委员会再次重申了这一立场。② 但是在 2004 年,法国最高法院却将适当住房的权利直接适用于解决承租人和出租人之间的法律纠纷。在这个案件中,法国最高法院认为将没有安装饮水设施的房屋出租给承租人侵犯了后者享有的"拥有适当住房"的权利,因此判决出租人败诉并承担根据承租人要求修缮房屋以增设饮水设施的责任。③ 法国最高法院在这个案件中的态度必然是适当住房的权利具有可诉性,因此直接与宪法委员会的解释相冲突。如果在我国,法律、法规和司法解释由不同的机构进行合宪性审查,那么也必然会出现对宪法解释不一的情况。在这种情况下,究竟应当遵循哪个机构的解释就会成为实践中的一个问题。

那么,如何处理《全国人大组织法》和《立法法》并未区分合法性审查和合宪性审查,而是将审查与"宪法和法律"相抵触之规范的权力一起授予宪法和法律委员会的规定呢? 笔者认为,这些规定并不必然理解为授权宪法和法律委员会与法工委主导事后的合宪性审查工作,相反,可以理解为它们仅仅进行辅助性和程序性工作。详言之,就是在其他机构对法律进行事后合宪性审查的过程中,宪法和法律委员会与法工委作为对法律的目的、精神、原则以及具体规定把握最为成熟的机构,协助其他机构

---

① 宪法委员会 98-403 号裁决。

② 宪法委员会 2000-436 号裁决。

③ 法国最高法院 2004 年 12 月 15 日 02-20614 号案件。转引自李滨:《法国违宪审查制度探析》,载《北方法学》2008 年第 3 期。

判断法律或条文的合宪性。换句话说，宪法和法律委员会与法工委并非法律事后合宪性审查的主导机构，而是受到其他机构邀请参与合宪性审查的辅助工作。根据《立法法》和《监督法》规定，在依申请审查的机制中，宪法和法律委员会以及其他专门委员会对法工委转送的相关法规和司法解释"进行审查、提出意见"。[①]这意味着，宪法和法律委员会对法规和司法解释的合法性审查结论在本质上都是一种"意见"和"建议"，是辅助其他机构作出决定的参考。不过，将宪法和法律委员会与法工委在合宪性审查制度中的作用定位为辅助性和程序性，并不因此抹杀其重要性。在对法规和司法解释的事后合法性审查过程中，宪法和法律委员会与法工委的重要性已经有所呈现，在合宪性审查过程中也应当如此。譬如，对于一部法律或其中的某个或某些条文往往存在几种不同的解释，为维护立法机关权威，应当尽量采用符合宪法的解释方案，这是大多数国家中非立法机关的宪法审查机构所一贯秉承的合宪性解释或曰合宪性推定原则。[②]因此，在一部法律或条文的合宪性问题存在疑问时，就需要一个机构能够提供其合宪的证据和理由；在我国，这个机构可能以宪法和法律委员会与法工委为最佳。如果宪法和法律委员会与法工委能够就存疑的法律或条文的合宪性问题进行一定的解释，并通过书面报告或口头沟通的方式传达给具体实施合宪性审查的机构，这样能够实现事前审查与事后审查的融贯性和效率性。

综上所述，笔者认为，2018 年修宪将"法律委员会"更名为"宪法和法律委员会"所强调的，可能更多的是该委员会在对法律案审议——尤其是对所有法律案的统一审议——的过程中对议案的合宪性问题应当进行审议和把控，而不是由其和法工委具体实施对法律的事后合宪性审查。在全国人大和全国人大常委会项下，对法律进行事前合宪性控制的宪法监

---

① 《监督法》第 72 条，《立法法》第 99 条。
② 参见王书成：《合宪性推定论：一种宪法方法》，清华大学出版社 2011 年版，第 1—5 页。

督机构和对法律进行事后合宪性审查的宪法监督机构或许应当分开,未来具体进行事后的宪法监督的机构宜重新设立。

六、本章小结

宪法监督的机关和机构分别是享有完整的宪法审查权力的主体,以及在该主体之内具体进行宪法监督工作的组织。宪法监督的机关是宪法审查行为的责任主体和宪法审查决定的作出主体。对相关国家机构及其工作人员的行为和规范是否进行了合理妥当的监督,由宪法监督机关负责;对国家机构及其工作人员的行为和规范进行审查之后作出何种决定,即违宪还是合宪,也应当由宪法监督机关进行。宪法监督机构则是具体进行宪法监督工作的组织。宪法监督机构的宪法审查权力源于宪法监督机关的宪法审查权力,或者更准确地说,宪法监督机构行使的权力是宪法监督机关的宪法审查权力。宪法监督机构并不享有自有的、独立的权力。因此,宪法监督机构仅仅能够进行实际工作,并就宪法审查的结果提出意见和建议。宪法审查机构不能够以自己的名义作出决定,也无权作出最终的宪法审查结论。宪法审查机构提出的意见和建议要经由宪法审查机关整体审议确定后,才能以宪法审查机关的名义作出,对这一审查结果也由宪法审查机关负责。

在我国,在学界的研究视角本土化之后,关于我国宪法监督的机关形成了较为一致的意见,即根据现行《宪法》和其他相关法律的规定,宪法监督的机关是全国人大和全国人大常委会。全国人大和全国人大常委会虽然都有进行宪法监督的职权,但是监督的对象并不尽相同。全国人大监督的对象包括全国人大常委会、国务院、中央军委、国家监察委员会、最高人民法院、最高人民检察院和国家主席,以及这些机构内部的领导人员和其他重要组成人员,例如全国人大常委会组成人员、国务院总理、副总理、国务委员、各部部长、各委员会主任、审计长、秘书长、中央军委组成人员、国家监察委员会主任、最高人民法院院长、最高人民检察院检察长和国家主席等。全国人大的宪法监督主要在于对这些国家机构及其领导人员和其他重要组成人员行为的监督，对于规范的监督仅限于全国人大常委会出台的法律、决议和决定，以及全国人大常委会批准的自治区的自治条例和单行条例。全国人大常委会对国务院、中央军委、国家监委、最高法院、最高检察院，以及其中的重要组成人员——例如国务院各部部长、各委员会主任、审计长、秘书长、中央军委副主席和委员、国家监察委员会副主任、委员、最高人民法院副院长、审判员、审判委员会委员和最高人民检察院副检察长、检察员、检察委员会委员——的行为进行监督，也对军事法院院长、军事检察院检察长、省级检察院检察长的行为进行监督。在规范方面，全国人大常委会对国务院的行政法规、国家监察委员会的监察法规、最高人民法院和最高人民检察院的司法解释、地方性法规、经济特区法规、自治区、自治州和自治县的自治条例和单行条例进行监督。

关于宪法监督机构的一致意见，在我国学界形成较晚，几乎是在2018年3月第十三届全国人大一次会议通过《宪法修正案》将法律委员会改为宪法和法律委员会，尤其是中共中央印发的《深化党和国家机构改革方案》中提出，宪法和法律委员会的职责增加"推动宪法实施、开展宪法解释、推进合宪性审查、加强宪法监督、配合宪法宣传等"。同年6月全国人大常委会出台《关于全国人大宪法和法律委员会职责问题的决定》（以下简称《决定》）确认该职责之后方才形成。自此之后，学界普遍认为，在全国人大和全国人大常委会内部，应当由宪法和法律委员会具体承担起合宪性审查的工作。与此同时，法工委、宪法和法律委员会在人员组成和办事机构上的高度重合，全国人大常委会对法工委的职责规定，以及法工委在实践中对宪法和法律委员会工作的分担，使得法工委在宪法监督工作中的职能定位与宪法和法律委员会基本类似。在《法规、司法解释备案审查工作办法》中，法工委甚至被赋予了比宪法和法律委员会更加核心的位置——法工委不仅与全国人大专门委员会一起进行备案审查中的依职权审查和依申请审查工作，还主要负责移送审查和专项审查，主导全国人大常委会与其他中央国家机构和党的机构之间的合宪性审查衔接联动机制，并就合宪性审查事项向全国人大常委会负责并报告工作。因此，虽然《深化党和国家机构改革方案》和全国人大常委会的《决定》仅仅在宪法和法律委员会项下规定了"开展宪法解释、推进合宪性审查"的职责，但事实上法工委也承担着这一工作，并且在其中发挥重要作用。在我国，真正的宪法监督机构应当是宪法和法律委员会与法工委。

宪法和法律委员会与法工委不仅承担着对法规和司法解释的事后合宪性审查职责，也对全国人大和全国人大常委会通过的法律案进行事前的合宪性控制。在我国现阶段，事后审查的规范主要是行政法规、监察法规、地方性法规、经济特区法规、自治条例和单行条例，以及司法解释。在规范和实践层面尚没有对法律合宪性的明确的事后审查。作为对法律案进行合宪性控制的主要机构，宪法和法律委员会与法工委的确是对依据法律出台的法规和司法解释进行事后合法性审查，并在这个过程中进行合宪性审查的最合适机构。因此，在我国现阶段，由宪法和法律委员会与法工委具体承担全国人大和全国人大常委会项下的全部宪法监督职权具有合理性。

第三章　宪法监督的内容与对象

一、规范的合宪性审查

对规范的合宪性审查是几乎所有国家的宪法监督制度的重要内容。在美国联邦层面正式确立司法审查制度的马伯里诉麦迪逊案件,其核心就是对联邦国会颁布的《1789 年司法条例》(The Judiciary Act of 1789)的审查。《日本 1946 年宪法》第 81 条规定,"最高法院,是拥有一切法律、命令、规则或处分是否符合宪法之权限的终审法院"。这一规定赋予了日本最高法院以合宪性判断的最终权力,也暗含了普通法院也享有对这些规范或处分的审查权力——只不过最终权力归属最高法院。《德国联邦基本法》(以下简称《基本法》)第 93 条第 1 款规定:"联邦宪法法院裁判下列案件……(2)就联邦法律或州法律与本基本法在形式上和实体上是否一致产生分歧或疑问时,联邦政府、州政府或联邦议院 1/4 的议员请求裁判的;(2a)就某项法律是否符合第 72 条第 2 款的条件产生意见分歧时,联邦参议院、州政府或州代议机关请求裁判的……(4a)认为公共权力机关侵犯个人基本权利或侵犯本基本法第 20 条第 4 款、第 33 条、第 38 条、第 101 条、第 103 条和第 104 条规定的权利时,任何人所提起的违宪申诉;(4b)乡镇和乡镇联合区依据本基本法第 28 条的自治权受到法律侵害而提起的违宪申诉,当该法律是州法时,它必须是无法在州宪法法院提起诉讼的案件……"。《德国联邦宪法法院法》第 13 条规定,"联邦宪法法院裁判:一、关于宣告褫夺基本权利之案件(《基本法》第十八条)……五、就最高联邦机关,或其他依基本法或依最高联邦机关之处务规程规定被赋予固有权利之当事人,因其权利义务范围的争议所生之关于基本法的解释(《基本法》第九十三条第一项第一款)。六、对于联邦法或邦法在形式上或实质上是否符合基本法,或邦法是否符合其他联邦法,发生争议或疑义,经联邦政府、邦政府、或联邦众议院四分之一议员声请者(《基本法》第九十三条第一项第二款)。六(之一)、关于法律是否符合基本法第七十二条第二项的要件所发生的争议,经联邦参议院、邦政府或邦民意代表机关声请者(《基本法》第九十三条第一项第二之一款)……十一、关于联邦法或邦法是否符合基本法,或邦法律或其他邦法规是否符合联邦法,由法院提起声请者(基本法第一百条第一项)……"《奥地利联邦宪法》第 140 条第 1 款规定,"应最高法院、二审主管法院、独立行政评议会、庇护法院、行政法院或联邦招标办公室的请求,宪法法院就某项联邦法律或州法律是否违宪作出裁决。但是,如果宪法法院在某未决案件中将要适用任何此类法律,则其应依职权就该项法律是否违宪作出裁决。宪法法院,应联邦政府的请求,就州法律是否违宪作出裁决,应州政府、国民议院 1/3 的议员或联邦议院 1/3 的议员的请求,就联邦法律是否违宪作出裁决。可以通过州宪法性法律规定,州议会 1/3 的议员已有权利对州法律提出违宪审查请求。宪法法院应声称其权利受到某项为先法律直接侵害的任何个人的请求,就该项法律是否违宪作出裁决,但如系根据司法判决或专门裁定使该项法律对该人生效者除外;第 89 条第 3 款的规定比照适用于此类请求。"《法国 1958 年宪法》第 61 条第 1 款和第 2 款规定,"各组织法公布前,宪法第 11 条规定的法律提案提交公民投票前,以及议会两院议事规程在实施前,均须提请县法院审查并就其合宪性作出宣告。基于相同目的,法律在公布前得由总统、总理、国民议会议长、参议院议长、60 名国民议员或 60 名参议员向宪法委员会提请审查。"第 61-1 条第 1 款规定:"法院在受理诉讼过程中,如认为一项立法构成对基本权利和自由的侵犯,得由最高行政法院或最高法院提请宪法委员会进行审查,宪法委员会应在一定的期限内作出裁决。"《阿富汗宪法》第 121 条规定:"最高法院依政府或法院的要求依法审查法律、立法法令、国际条约以及国际协定的合宪性,并解释上述文件。"《大韩民国宪法》第 111 条第 1 款第 1 项规定,"宪法裁判所管辖下列事项:1.法院拟提请的法律是否违宪的审判"。第 107 条第 1 款规定,"当法律违宪与否成为审判的前提时,法院得将该法律提交宪法裁判所,根据其审判结果作出判决"。

在宪法监督的规范的范围内,几乎所有的国家都将法律纳入审查。例如前述美国、日本、德国、奥地利、法国等,都将国家(包括联邦和各州的)立法机关颁布的法律视为宪法监督的最核心对象。我国宪法监督制度中的事后监督机制尚未纳入法律,尤其是全国人大制定的法律。不过大多数学者都赞同,未来应当将全国人大和全国人大常委会制定的法律都纳入合宪性审查。[①]

根据《立法法》《监督法》《法规、司法解释备案审查工作办法》的现有规定,我国宪法监督制度中事后审查的对象主要是法规(行政法规、监察法规、地方性法规、自治州和自治县的自治条例和单行条例,以及经济特区法规)和司法解释。对除法律之外的其他规范进行合宪性审查机构是否应当与对法律进行合宪性审查的机构统一,不同国家有不同的处理方式。德国、奥地利、葡萄牙、佛得角、克罗地亚、斯洛文尼亚、匈牙利、白俄罗斯、保加利亚、俄罗斯、哈萨克斯坦、喀麦隆等国采取的是由合宪性审查机构同时对其他重要规范进行合法性审查的模式。例如,德国联邦宪法法院就不仅仅审查联邦法律,也审查邦法律和邦法规。前述《德国联邦宪

---

① 例如胡锦光:《中国宪法问题研究》,新华出版社 1998 年版,第 225 页;刘志刚:《论我国合宪性审查机构与合宪性审查对象的衔接》,载《苏州大学学报》2019 年第 3 期。

法法院法》第 13 条第 6、11 项对此进行了明确规定。《奥地利联邦宪法》也将联邦机关或州机关颁布的法令和国际条约等纳入联邦宪法法院的审查对象范围内。第 139 条第 1 款规定："应法院、独立行政评议会或联邦招标办公室的请求,宪法法院就联邦机关或州机关颁布的法令是否违法作出裁决,但是,如果宪法法院在某未决案件中将要适用任何此类法令,则其应依职权裁决该项法令是否违法。宪法法院,应联邦政府的请求,就州机关颁布的法令是否违法作出裁决,应州政府的请求,就联办机关颁布的法令是否违法作出裁决,应有关实证的请求,就实证监督机关依据第 119 条之一第 6 款规定发布的撤销令是否违法作出裁决。宪法法院应声称其权利受到某项违法法令直接侵害的任何个人的请求,就该项法令是否违法作出裁决,但如系根据司法判决或专门裁定使该项法令对该人生效者除外……"第 140 条之一第 1 款规定:"宪法法院就国家条约的合法性作出裁决……凡被宪法法院宣布为违法或违宪的国家条约,如果宪法法院没有规定应继续执行该国家条约的具体期限,则负责执行的主管机关应自宪法法院裁决公布的次日起停止执行……"《葡萄牙宪法》第 281 条第 1 款规定,宪法法院可以作出下列具有普遍约束力的宣告:"(1)宣告任何规定合宪或违宪;(2)以违反上位法为理由,宣告立法中的任何条款违法;(3)以违反自治区规章为理由,宣告地区法案的任何条款违法;(4)以侵犯自治区规章规定的一项或多项自治区权利为理由,宣告由主权机关颁布的规章或法案中的任何条款违法。"《佛得角宪法》第 280 条规定:"宪法法院基于共和国主席、国会主席、总理、共和国检察长和至少 1/4 代表的请求,审查并宣布:(a)规范或带有实质性规范内容或者具有特别和具体内容的决议的违宪;(b)上述规定的决议违法。"《克罗地亚宪法》第 129 条规定:"克罗地亚共和国宪法法院应当:就法律与宪法的一致性作出决定;就其他法律与宪法和法律的一致性作出决定;就法律的合宪性和已经失效法规的合宪性、合法性作出决定……当政府机构、地方和区域自治机构以及具有公共权力的法律实体的个别决定违反人权和基本自由以及宪法赋予的地方和区域自治权利时，就针对这些个别决定的宪法诉愿作出决定……"《斯洛文尼亚宪法》第 160 条规定："宪法法院裁决：法律的合宪性……行政法规的合宪性和合法性；地方共同体法规的合宪性和合法性；行使公共权力而发布的一般文件是否符合宪法、法律和行政法规……在批准国际协议的过程中，根据国家总统、政府或者 1/3 以上国民议会议员的提议，宪法法院应对此类协议的合宪性出具意见。"根据《匈牙利宪法法院法》第 1 条的规定，违反上位法的下位法都是宪法审查的对象。因此，匈牙利宪法法院的审查范围包括决定、指令、中央银行发布的指令、统计信息、法律指导等行政管理性法律文件，其效力低于议会制定的法律。①《白俄罗斯共和国宪法》第 116 条第 4 款第 1 至 4 项规定："宪法法院根据白俄罗斯共和国总统、代表院、共和国院、白俄罗斯共和国最高法院、白俄罗斯共和国最高经济法院和白俄罗斯共和国部长会议的提议，可以出具下述结论意见：关于法律、总统的法令和命令、白俄罗斯共和国的国际条约义务和其他义务是否符合本宪法，是否符合白俄罗斯共和国批准的国际法文件的结论意见；关于白俄罗斯共和国加入的跨国组织的文件、为了执行法律而发布的总统命令是否符合本宪法，是否符合白俄罗斯共和国批准的国际法文件，是否符合法律和法令的结论意见；关于部长会议的决议，最高法院、最高经济法院、总检察长的文件是否符合本宪法，是否符合白俄罗斯共和国批准的国际法文件，是否符合法律、法令和命令的结论意见；关于任何其他国家机关的文件是否符合本宪法，是否符合白俄罗斯共和国批准的国际法文件，是否符合法律、法令和命令的结论意见。"《保加利亚宪法》第 149 条第 1 款第 2 项和第 4 项规定，"宪法法院应当……（二）对国民议会通过的法律和其他法令以及总统签署的

---

① 参见胡建淼主编：《世界宪法法院制度研究》，浙江大学出版社 2007 年版，第 232—233 页。

法令的合宪性作出裁决……（四）在保加利亚共和国缔结的条约批准前，就其与宪法的相容性作出裁决，并对国内法律与工人的国际法准则以及保加利亚为一方的国际条约之间的相容性作出裁决"。《俄罗斯联邦宪法》第125条第2款规定："俄罗斯联邦宪法法院根据俄罗斯联邦总统、联邦委员会、国家杜马、1/5联邦委员会代表或者1/5国家杜马代表、俄罗斯联邦政府、俄罗斯联邦最高法院和俄罗斯联邦最高仲裁法院、俄罗斯联邦主体立法权力机关和执行权力机关的逊位，审理下列规范性法律文件是否符合俄罗斯联邦宪法的案件：(1)联邦法律、俄罗斯联邦总统、联邦委员会、国家杜马、俄罗斯联邦政府的规范性文件；(2)共和国宪法和其他俄罗斯联邦主体的宪章，以及所有俄罗斯联邦主体就俄罗斯联邦国家权力机关管辖的问题，俄罗斯联邦国家权力机关和俄罗斯联邦主体国家权力机关共同管辖的问题所颁布的法律和其他规范性文件；(3)俄罗斯联邦国家权力机关和俄罗斯联邦主体国家权力机关之间的条约，各俄罗斯联邦主体国家权力机关之间的条约；(4)尚未生效的俄罗斯联邦国际条约。"《哈萨克斯坦共和国宪法》第72条第1款规定："宪法委员会根据哈萨克斯坦共和国总统、参议院议长、议会下院议长、议会1/5的代表、总理的请求……(2)在总统签署议会通过的法律之前，审议法律是否符合共和国宪法；(2-1)审议议会及其两院通过的决议是否符合宪法；(3)在批准共和国国际条约之前，审议上述条约是否符合本宪法"。《喀麦隆共和国宪法》第47条第1款规定："宪法委员会对以下事项作出最终裁决：法律、国际条约和国际协定的合宪性；在国民议会和参议院的内部规则实施前，裁决其与宪法的一致性。"

在法国和斯洛伐克等国，对行政机关的规定进行合宪性审查的机构则与对法律进行合宪性审查机构不同一。例如在法国，对议会颁布的法律进行事前审查和事后审查的主体均是宪法委员会。但是对政府条例和命令是否符合宪法进行审查的主体是最高行政法院。《斯洛伐克宪法》第

125 条第 1 款第（4）项规定，宪法法院有权裁决"地方国家行政机关发布的具有普遍约束力的法律规章与地方自治行政机关依第 71 条第 2 款发布的具有普遍约束力的法令是否符合宪法、宪法性法律以及国民议会赞成且以法定方式批准颁布的国际条约，除非其他法院已就此作过判决"。这意味着除宪法法院之外，其他法院也可以就地方国家行政机关或地方自治行政机关发布的规章或法令进行合宪性和合法性审查，并作出决定。《捷克共和国宪法》虽然在原则上将宪法法院视为国内各种规范的机构，第 87 条第 1 款和第 2 款规定，"宪法法院对下述事项作出裁判：一、（一）废除违背宪法秩序的法律或其个别条款；（二）废除违背宪法秩序或法律的法规或其个别条款……（十二）对共和国总统有关捷克共和国加入欧盟不需召开全民公决的决定提出的上诉；（十三）捷克共和国为加入欧盟而举行的全民公决是否符合关于捷克共和国加入欧盟之全民公决的宪法性法律和实施性法律。二、宪法法院还应在批准第 10 条之一和第 49 条所述的国际协议之前，就上述国际协议是否符合宪法秩序作出裁决。在宪法法院作出裁决前，不得批准上述国际协议。"但是也允许最高行政法院分享宪法法院的部分职权，第 87 条第 3 款规定："法律可以规定由最高行政法院在下列事项中代替宪法法院作出裁决：（1）废除违背法律的法规或其个别条款；（2）有关国家机关和地方自治机关权限范围的争议，但上述争议属其他机构管辖者除外。"

    法国等国家之所以将对法律的审查和对行政规定与命令的审查分开，是因为其特殊的行政法发展历史以及在这段历史中不断沉淀的行政事务与其他事务不同的理念和文化传统所导致的。可以发现，大多数国家对法律和其他规范进行审查的机关是同一个，包括一些采取宪法委员会审查模式的国家。根据我国合宪性审查机关的性质和地位，对法律和对法规、司法解释进行审查的机关也应当保持一致。在我国，全国人大和全国人大常委会在整个国家机构体系中处于最高和最权威的位置，虽然现行法律法规主要规定了对法规和司法审查的合宪性解释,但是很难想象,除了这二者之外,哪个机构还有权力审查由它们出台的法律。

不过,根据现行法律法规的规定,全国人大和全国人大常委会不仅是对相关规范进行合宪性审查的主体,也是对这些规范进行合法性审查的主体。究竟这两个机构应当对所有监督职权范围内的规范都进行合宪性和合法性审查,还是应当区分不同规范的不同情况分别进行合法性和合宪性审查,就是在对规范的宪法监督制度中需要解决的问题。当前大多数学者都比较倾向后一种模式,即区分合法性审查和合宪性审查。例如韩大元指出,"既不要把宪法问题法律化,也不要将法律问题宪法化"。[①]于文豪认为,合宪性审查与合法性审查在程序上应当有先后之分。[②]王锴也持类似观点,认为应当先进行合法性审查,再进行合宪性审查,最后进行适当性审查。[③]胡锦光和秦前红建议,全国人大常委会应当建立合宪性审查的"过滤"机制,接收法律文件的备案、审查"要求"、审查"建议"及进行合法性审查、适当性审查,在穷尽合法性审查后移送宪法和法律委员会进行合宪性审查;其他接收规范性文件备案的主体,应将需要进行合宪性审查的规范性文件移送宪法和法律委员会。[④]陈玉山认为,在事前控制环节也应当秉承分离模式,由全国人大常委会对法律案的合宪性问题先进行"前置性"的"初步过滤",再由全国人大三审进行"再次过滤"。[⑤]之所以大多数学者倾向这一模式,无外乎两个原因:一个是避免合法性审查与合宪性审查的混同,尤其是因此导致的以合法性审查吸纳甚

----

① 韩大元:《从法律委员会到宪法和法律委员会:体制与功能的转型》,载《华东政法大学学报》2018 年第 4 期。

② 参见于文豪:《宪法和法律委员会合宪性审查职能的展开》,载《中国法学》2018 年第 6 期。

③ 参见王锴:《合宪性、合法性、适当性审查的区别与联系》,载《中国法学》2019 年第 1 期。

④ 参见胡锦光:《论合宪性审查的"过滤"机制》,载《中国法律评论》2018 年第 1 期;秦前红、底高扬:《合宪性审查在中国的四十年》,载《学术界》2019 年第 4 期。

⑤ 参见陈玉山:《法律案合宪性审查的程序、事项与方法》,载《环球法律评论》2020 年第 1 期。

至消解合宪性审查的可能。这会使得宪法监督名存实亡。二是减轻全国人大和全国人大常委会审查工作负担,避免因需要对所有规范都同时进行合法性和合宪性审查而导致工作量的大幅上升。

基于这两个原因,笔者也较为认可合法性审查与合宪性审查的分离模式,尤其倾向借鉴刘志刚教授提出的对行政法规和地方性法规分情况进行审查的理念。刘志刚教授根据《宪法》和《立法法》的规定指出,行政法规和地方性法规有两种不同的制定方式。对于行政法规来说,有"执行性行政法规"和"职权性行政法规"两种。前者是根据《立法法》第65条第1款制定的,即是在有先导性法律存在的情况下,为了执行法律的规定而颁布的。后者是根据《立法法》第65条第2款而制定的,即在没有先导性法律存在的情况下,国务院根据《宪法》第89条的授权直接出台的行政法规。在这两种行政法规中,对执行性行政法规的审查应当以合法性审查为主,因为此类行政法规的制定依据就是执行法律;对职权性行政法规的审查应当以合宪性审查为主,因为此类行政法规出台之时尚无直接法律依据。地方性法规有"执行性地方性法规"和"先行性地方性法规"两种。前者与执行性行政法规类似,是根据《立法法》第73条第1款,在有先导性法律或行政法规的情况下,为了执行法律或行政法规的规定出台的地方性法规。对于此类地方性法规的审查,应当以合法性和合规性审查为主,其中合法性审查由全国人大常委会进行。先行性地方性法规是根据《立法法》第73条第2款第1句的规定,在尚无先导性法律或行政法规存在的情况下出台的"属于地方性事务需要"的规定。对于先行性地方性法规因无法进行合法性或合规性审查,只能进行合宪性审查。借鉴刘教授的这种分类,监察法规也可以分为"领导性监察法规"和"执行性监察法规"。后者是根据全国人大常委会《关于国家监察委员会制定监察法规的决定》的第1点第1项制定的监察法规,与执行性行政法规类似,此类监察法规也是在存在先导性法律的情况下,为执行该法律规定制定的。前者则是根据该《决定》第1点第2项出台的监察法规,即"为履行领导地方各级监察委员会工作的职责需要"。由于《宪法》对国务院和监察委的职权规定方式不同——《宪法》对国务院的职权进行了列举,但是规定对监察委的职权"由法律规定"——因而监察法规不存在直接依据《宪法》规定的国家监委的职权出台的所谓"职权性监察法规"的情况。本书根据《决定》第1点第2项的措辞,将与执行性监察法规对应的法规称为"领导性监察法规"。对于国家监察委员会领导地方各级监察委的职权,《宪法》第125条第2款作出了明确规定,因此此类监察法规可以以《宪法》为依据进行合宪性审查。对于执行性监察法规,则应当主要根据先导性法律的规定进行合法性审查。

除行政法规、监察法规和地方性法规之外,对最高人民法院和最高人民检察院出台的司法解释是否也适宜继续按照《法规、司法解释备案审查工作办法》的规定同时进行合法性和合宪性审查,还是应当依照《监督法》的规定以合法性审查为主,也是一个需要予以明确的问题。2019年12月全国人大常委会出台的《法规、司法解释备案审查工作办法》将司法解释与前述行政法规、监察法规和地方性法规放在一起,对其进行的审查包括合宪性、合法性、政治性和适当性,延续并拓展了2005年《司法解释备案审查工作程序》的规定。但是,自2007年开始施行的《监督法》第32条的规定却是,"国务院、中央军事委员会和省、自治区、直辖市的人民代表大会常务委员会认为最高人民法院、最高人民检察院作出的具体应用法律的解释同法律规定相抵触的,最高人民法院、最高人民检察院之间认为对方作出的具体应用法律的解释同法律规定相抵触的,可以向全国人民代表大会常务委员会书面提出进行审查的要求,由常务委员会工作机构送有关专门委员会进行审查、提出意见。前款规定以外的其他国家机关和社会团体、企业事业组织以及公民认为最高人民法院、最高人民检察院作出的具体应用法律的解释同法律规定相抵触的,可以向全国人民代表大会常务委员会书面提出进行审查的建议,由常务委员会工作机构进行研究,必要时,送有关专门委员会进行审查、提出意见。"本书认为,《监督法》的规定与《立法法》第 104 条第 1 款对司法解释的定位更为符合,即司法解释是"属于审判、检察工作中具体应用法律的解释"。这意味着只有在存在先导性法律存在的情况下,才能够出台司法解释,司法解释不能用作弥补法律的空白,只能用以执行法律的具体规定。因此,对于司法解释,更适宜以合法性审查为主。

综上所述,对于规范的合宪性审查,在我国应当包括全国人大和全国人大常委会出台的法律、国务院出台的职权性行政法规、国家监委出台的领导性监察法规、地方人大和常委会出台的先行性地方性法规以及经济特区法规。对于国务院出台的执行性行政法规、国家监委出台的执行性监察法规、地方人大和常委会出台的执行性地方性法规和司法解释,应当主要进行合法性审查。

二、行为的合宪性审查

许多国家的宪法监督机构除了对规范进行审查之外,还可以对政府工作人员的行为进行审查。例如,奥地利联邦宪法法院就有权对联邦和州政府重要人员的公务行为是否合宪进行审查。《奥地利联邦宪法》第142 条第 1、2 款规定,"一、对联邦最高机关和州最高机关之公务违法行为提出的追究其宪法责任的指控,由宪法法院作出裁决。二、指控的对象与事由:(一)联邦总统违反联邦宪法:需根据联邦议会的决议;(二)联邦政府成员及与其承担同等责任的机关违反法律:须根据国民议院的决议;(三)欧盟理事会的奥地利代表在立法权属于联邦的事务中违反法律:需根据国民议院的投票;在立法权属于州的事务中违反法律:需根据所有有关州议会的一致决议;(四)州政府成员及根据本宪法或州宪法与州政府成员承担同等责任的机关违反法律:需根据有关州议会的决议;(五)州长、代州长(第105条第1款)或州政府成员(第103条第2、3款),违反法律,或者在属于联邦间接行政的事务中不遵守联邦的法令或其他命令(指令),如果涉及州政府成员,还包括在上述事务中不遵守州长的指令:需根据联邦政府的决议;(六)联邦首都维也纳各机关,违反法律,但仅限于其在独立管辖范围内履行属于联邦执行权的职责时:需根据联邦政府的决议;(七)州长违反第14条第8款所述指令,须根据联邦政府的决议;(八)州教育局主任或执行主任违反法律或不遵守联邦的法令或其他命令(指令):需根据联邦政府的决议;(九)州政府成员违反法律,以及在第11条第1款第8项所述事务中妨碍第11条第9款所述权力之行使:需根据国民议院或联邦政府的决议"。对于宪法责任的追究及其形式,该条第4款规定:"宪法法院的裁决可以宣布剥夺职务,情节特别严重时可宣布暂时剥夺政治权利;对于……轻微违法行为,宪法法院可以只限于确认违法现象的存在……"可以发现,奥地利联邦宪法法院除作为法律等规范是否符合宪法的监督者外,还是政府成员行为是否符合宪法和法律的裁断者。这一职能对于奥地利联邦宪法法院来说十分特殊。其他也以宪法法院作为宪法监督机关的国家,并没有赋予他们的宪法法院这一职能。例如德国、克罗地亚和斯洛文尼亚宪法法院仅有权监督国内政党活动的合宪性。《德国联邦宪法法院法》第13条第2项规定,联邦宪法法院裁判"关于宣告政党违宪之案件(《基本法》第21条第2项)"。《基本法》第21条第2项的规定是:"如政党的宗旨或政党拥护者的行为有意破坏或推翻自由民主的基本秩序,或有意危害德意志联邦共和国的生存,则该政党违反宪法。政党违宪与否由联邦宪法法院予以裁判。"《克罗地亚宪法》第129条规定:"克罗地亚共和国宪法法院应当:监督各政党的纲领和活动的合宪性……"《斯洛文尼亚宪法》第160条规定:"宪法法院裁决:政党的文件和活动违宪……"《白俄罗斯共和国宪法》第116条第4款第6项规定:"宪法法院根据白俄罗斯共和国总统、代表院、共和国院、白俄罗斯共和国最高法院、白俄罗斯共和国最高经济法院和白俄罗斯共和国部长会议的提议,可以出具下述结论意见……在本宪法规定的情况下,宪法法院可以根据总统的提议,出具关于议会两院经常或者严重违反白俄罗斯共和国宪法的结论意见。"

美国和日本等秉承普通法院监督制的国家中,普通法院有就所有法律争议进行裁断的职责。法律争议必定会涉及行为,因而同时兼任宪法监督机关的法院天然地有着对相关行为是否合宪进行审查的权力。例如,美国联邦最高法院会就总统大选中出现的舞弊或贿选情况进行裁断,2000年的布什诉戈尔案(Bush v. Gore)就是典型。英国最高法院也会对首相行为的合宪性进行审查并作出裁决,例如2019年的米勒诉首相案(Miller v. The Prime Minister)。

法国宪法委员会设立的初衷是政府同盟,所以并没有大面积监督政府工作人员行为的职权预设。对于其所要对抗和监督的议会,由于立法机关行为方式的特色,很难对个体行为进行监督,只能对集体的行为结果,即立法进行监督。因此,《法国1958年宪法》和《法国宪法委员会组织法》并没有授权宪法委员会对相关人员的行为进行审查和监督,除了一个例外。这就是对总统行使紧急权力的监督。《法国1958年宪法》第16条规定:"当共和国制度、国家独立、领土完整或国际条约义务的履行遭受严重即刻的威胁,致使宪法所规定的公权力正常运作受到阻碍时……总统得采取紧急措施……总统所采取的措施……应咨询宪法委员会……总统行使紧急状态权30日后,国民议会议长、参议院议长、60名国民议员或60名参议员得将此事提交至宪法委员会,由其裁定……条件是否仍然具备,宪法委员会应尽快做出决议并予以公布。总统行使紧急状态全60日后或其后的任何时间,宪法委员会得主动进行审查并以同样的方式作出决议。"

在我国,全国人大和全国人大常委会是否也应当对国家机构工作人员的行为和政党活动进行宪法监督呢？对于国家机构工作人员的行为，现行《宪法》《全国人大组织法》《监督法》等法律已经提供了监督的途径，即任免权力。第 67 条第 9—13 项赋予全国人大常委会决定、任免或批准国务院部长、委员会主任、审计长、秘书长、中央军委除主席之外的其他组成人员、国家监察委员会副主任、委员、最高人民法院副院长、审判员、审判委员会委员和军事法院院长、最高人民检察院副检察长、检察员、检察委员会委员和军事检察院检察长、省、自治区、直辖市的人民检察院检察长的人选的权力。此外，对于国家机构的行为，全国人大和常委会也有权进行监督。《宪法》第 92、94、126、133、138 条分别规定了国务院、中央军委、国家监察委员会、最高人民法院和最高人民检察院对全国人大及其常委会负责并报告工作的制度。第 67 条第 6 项还明确规定，全国人大常委会有权"监督国务院、中央军事委员会、国家监察委员会、最高人民法院和最高人民检察院的工作"。对于这些国家机构及其工作人员的行为，全国人大和全国人大常委会既可以根据《宪法》的规定进行监督，也可以根据法律的规定进行监督。换句话说，既可以进行合法性监督，也可以进行合宪性监督，监督的后果即任免的决定。莫纪宏也指出，我国党政机关及其工作人员的公务行为也应当纳入宪法监督的范围。①

三、政治问题审查

秉承普通法院审查制度的美国和日本等国比较强调对政治问题不予审查。政治问题不审查，是自美国最高法院开始享有合宪性审查权力之时就已经秉承的标准——因为正是这一原则，使得马歇尔带领的最高法院能够在 1803 年避免因为马伯里诉麦迪逊案件而卷入政治风波。在此案中，马歇尔指出，"法院的唯一职责是裁决个人权利，而不应调查行政部

① 参见莫纪宏：《论加强合宪性审查工作的机制制度建设》，载《广东社会科学》2018 年第 2 期。

门或行政官员是如何用自由裁量权履行其职责的问题。这种问题在性质上是政治问题,根据宪法和法律应由行政部门处理,不应由法院处理"。①基于这一前车之鉴,美国法院在此后均奉政治问题不审查原则为圭臬——这一要件并非基于宪法的规定,而是美国法院自我谦抑的结果。例如,在1968年的弗拉斯特诉科亨案(Flast v. Cohen)中,沃伦法官指出,只要纳税人能够证明其身份与受到质疑的国会法律,以及该法律和合宪性问题之间具有关联,就具备起诉的资格;但是此案中涉及纳税的事项属于政治判断的内容,不应受到司法的限制,因而驳回了原告的起诉。在美国法院看来,当事人所诉之事必须是适合通过司法权运作予以解决的,不能是涉及政治的事务。据学者的统计,被美国法院以涉及政治问题拒绝审查的事项主要包括涉及共和政体的问题、修宪程序和国会自由裁量权问题、外交和战争行为、选区划分和紧急状态问题等。②与美国相同,政治问题不审查也是日本法院在司法过程中——尤其是宪法解释和审查过程中——所奉行的基本原则。属于国会或各议院自主权范围之内的行为、属于行政机关或国会自由裁量范围内的行为,以及统治行为等,尽管形式上涉及法律上的争诉,但其实质却是政治问题。③例如著名的苦米地案件,美国最高法院在1960年作出的判决指出,解散众议院的行为属于统治行为,法院因此没有审查的权力。④

但是,对于由宪法法院和宪法委员会进行宪法审查的国家,并不排除这些机构对政治问题的涉入。例如,德国联邦宪法法院就可以针对联邦和州之间、各州之间的权力与义务、政党组织是否违宪、选举效力等问题进行裁断。《德国联邦基本法》第93条第1款规定:"联邦宪法法院裁判

---

① 参见徐炳:《美国司法审查制度的起源——马伯里诉麦迪逊案述评》,载《外国法译评》1995年第1期。

② 李毅:《美国联邦最高法院的司法审查权》,载《法学杂志》1999年第1期。

③ 〔日〕芦部信喜:《宪法(第六版)》,林来梵等译,清华大学出版社,第269—272页。

④ 日本最高法院大法庭1960年6月8日判决,民集14卷7号第1206页。

下列案件……（4）联邦和州之间、各州之间或一个州内部发生其他公法争议，且无其他诉讼手段的……（4c）在联邦参议院的选举中不被认可为政党的组织对此所提起的申诉……"《德国联邦宪法法院法》第13条规定："联邦宪法法院裁判……二、关于宣告政党违宪之案件（《基本法》第二十一条第二项）。三、对于联邦众议院就选举效力，或就取得或丧失联邦众议院议员资格之决定，所提起之异议案件（《基本法》第四十一条第二项）。四、关于联邦众议院或联邦参议院对联邦总统提起之弹劾案（《基本法》第六十一条）……七、关于联邦及邦之权利及义务，尤其是邦在执行联邦法及[联邦在]行使联邦监督时所发生之歧义（《基本法》第九十三条第一项第三款及第八十四条第四项第二句）。八、关于联邦与各邦间、各邦相互间，或一邦之内所发生之其他公法上争议，而无其他法律救济途径者（《基本法》第九十三条第一项第四款）……九、对联邦法官或邦法官提起之法官弹劾案（《基本法》第九十八条第二项及第五项）……"

奥地利联邦宪法法院则对法院之间的权限争议、联邦和州以及各州之间根据立法或协议的权限争议、公职人员选举和公民复决问题都有管辖权。《奥地利联邦宪法》第138条规定："一、下列权限争议，由宪法法院作出裁决：（一）法院与行政机关之间的权限争议；（二）普通法院与庇护法院或行政法院，庇护法院与行政法院，以及宪法法院自身与所有其他法院之间的权限争议；（三）联邦与州，以及各州相互之间的权限争议。二、应联邦政府或州政府请求，宪法法院还得就某项立法行为或执行行为应属于联邦权限还是州权限作出裁决。"第138条之一规定，"一、应联邦政府或有关州政府的请求，宪法法院就第15条之一第1款所述协议是否成立作出裁决，并裁定州或联邦是否已经履行由此产生的义务，但涉及财产权主张者除外。二、在第15条之一第2款所述协议有预先规定的情况下，应有关州政府的请求，宪法法院就该协议是否成立作出裁决，并裁定由此产生的义务是否已经得到履行，但涉及财产权主张者除外。"第15条之一的规定是:"一、联邦可以同各州就双方管辖权限的有关事项签订协议。以联邦名义签订的此类协议,依据所涉事项而分别对联邦政府或联邦主管部有约束力。对联邦立法机关也具有约束力的协议,联邦政府必须在国民议院同意后方可签订……二、各州只可以就其独立管辖范围内的有关事项达成协议,并且必须立即告知联邦政府。三、与条约有关的国际法原则适用于本条第一款所述协议。除有关州经协商颁布的宪法性法律另有规定者外,本规定也适用于本条第二款所述协议。"第141条第1款规定,"下列争议事项,由宪法法院作出裁决:(1)对联邦总统选举、一般代议制机关选举、欧洲议会选举以及法定职业代表机构的规章制定机关(代表机关)选举提出的异议;(2)对州政府选举和受托行使制刑权的市镇机关选举提出的异议;(3)一般代议制机关提出的有关其议员丧失席位的请求;至少11名奥地利欧洲议会议员提出的有关某奥地利欧洲议会议员丧失席位的请求;(4)法定职业代表机构的规章制定机关(代表机关)提出的有关规章制定机关成员丧失席位的请求;(5)凡联邦选举法或州选举法规定得以行政机关决定方式宣布代表席位丧失的,在穷尽所有行政手段后,对宣布一般代议制机关、受托行使制刑权的市镇机关或法定职业代表机构的规章制定机关(代表机关)中代表席位丧失的上述决定提出的异议……"此外,第141条第3款还规定:"宪法法院在何种条件下应审理对公民立法创议、咨询性公投或公民复决结果提出的异议,由联邦法律予以规定……"

法国宪法委员会有权审查的涉及政治问题的事项包括总统紧急措施的行使、立法机关和行政机关的权限范围、选举和公民复决的合法性和合宪性等。《法国1958年宪法》第16条规定:"当共和国制度、国家独立、领土完整或国际条约义务的履行遭受严重即刻的威胁,致使宪法所规定的公权力正常运作受到阻碍时……总统得采取紧急措施……总统所采取的措施……应咨询宪法委员会……总统行使紧急状态权30日后,国民议会议长、参议院议长、60 名国民议员或 60 名参议员得将此事提交至宪法委员会，由其裁定……条件是否仍然具备，宪法委员会应尽快做出决议并予以公布。总统行使紧急状态全 60 日后或其后的任何时间，宪法委员会得主动进行审查并以同样的方式作出决议。"第 37 条第 2 款规定："凡以法律的形式介入行政立法事项，得以在咨询最高行政法院的意见后以命令进行修改。在本宪法生效实施后所制定的法律文件，经宪法委员会确认其内容具有……行政立法性质，得以行政命令进行修改。"第 41 条规定："在立法过程中，如果法律提案或修正案不属于立法范围或与宪法第 38 条规定的授权内容相抵触，则政府或相关议院议长得对此提出异议。如政府和相关议院议长意见不一致，则宪法委员会得依任何一方的要求在 8 日内作出裁决。"第 38 条第一款的规定是，"政府为执行其计划，得要求议会授权在一定期限内，以法令的方式规定本属于法律范围内的事项"。第 58 条规定："宪法委员会监督总统选举合法进行。宪法委员会审理选举争议并宣布投票结果。"第 59 条规定："国民议员及参议员选举发生争议时，由宪法委员会裁定其合法性。"第 60 条规定："宪法委员会监督宪法第 11 条，第 89 条和第十五章规定的公民投票合法进行，并宣布其结果。"

哈萨克斯坦共和国宪法委员会可以对选举争议作出裁决。《哈萨克斯坦共和国宪法》第 72 条第 1 款规定，"宪法委员会根据哈萨克斯坦共和国总统、参议院议长、议会下院议长、议会 1/5 的代表、总理的请求：(1)在发生争议的情况下，确定共和国总统选举、议会代表选举是否正确的问题，确定共和国全民公决的举行是否正确的问题"。

喀麦隆宪法委员会有权对国家机构之间、国家机构和地方机构之间的权限争议和选举问题作出决议。《喀麦隆共和国宪法》第 46 条规定："宪法委员会是管辖宪法案件的机关。宪法委员会对法律的合宪性作出裁决。宪法委员会是机构运作的调整机关。"《喀麦隆共和国宪法》第

47 条第 1 款规定:"宪法委员会对以下事项作出最终裁决:……国家机构之间、国家机构与地方机构之间、地方机构之间的权限冲突。"《喀麦隆共和国宪法》第 48 条规定:"(1)宪法委员会监督总统选举、议会选举和全民公决的合法性,并公布选举和全民公决的结果。(2)在对第 1 款规定的选举的合法性有争议的情况下,参加相关选区内选举的所有候选人、政党或者所有具有公务员身份的人均可向宪法委员会对有争议的选举提起诉讼。(3)若对全民公决的合法性有争议,共和国总统、国民议会议长、参议院议长、1/3 的国民议员或者 1/3 的参议员均可向宪法委员会提起诉讼。"

克罗地亚宪法法院可以就国家机构的管辖权争议、政党组织的合宪性、选举和国家公投的合宪性和合法性等作出裁决。《克罗地亚宪法》第 129 条规定:"克罗地亚共和国宪法法院应当……就立法、行政和司法部门之间的管辖权争议作出决定;根据宪法,对共和国总统的弹劾案作出决定;监督各政党的纲领和活动的合宪性,并可以根据宪法取缔违宪的政党;监督选举和国家公投的合宪性和合法性,并就不在各法院管辖范围内的选举争议作出决定……"斯洛文尼亚宪法法院则可以就国家和地方、地方之间的权限争议、法院与其他国家机关以及国民议会、总统和政府之间的权限争议进行裁决。《斯洛文尼亚宪法》第 160 条规定:"宪法法院裁决……国家和地方共同体之间权限冲突方面的争议,以及地方共同体之间权限冲突方面的争议;法院和其他国家机关之间职权冲突方面的争议;国民议会、共和国总统和政府之间职权冲突方面的争议……"

保加利亚宪法法院可以就国家机构之间的管辖权争议、政党等组织的合宪性问题、总统和副总统以及国民议会选举的合法性、对总统和副总统的弹劾事项作出裁决。《保加利亚宪法》第 149 条第 1 款第 3 项、第 5 至 8 项规定,"宪法法院应当……(3)对国民议会、总统和部长会议之间以及地方自治机构和中央行政机构之间的管辖权诉讼作出裁决……
(5)对政党和联合会的合宪性的质疑作出裁决;(6)对总统和副总统选举
的合法性的质疑作出裁决;(7)对国民议会议员选举的合法性的质疑作出
裁决;(8)对国民议会对总统和副总统的弹劾作出裁决"。

俄罗斯联邦宪法法院可以就国家权力机关、各邦权力机关之间的
职权纠纷进行裁决。《俄罗斯联邦宪法》第 125 条第 3 款规定:"俄罗斯
联邦宪法法院审理下列职权纠纷案:(1)俄罗斯联邦国家权力机关之间
的职权纠纷;(2)俄罗斯联邦国家权力机关和俄罗斯联邦主体国家权力
机关之间的职权纠纷;(3)俄罗斯联邦主体最高国家机关之间的职权
纠纷。"

韩国宪法裁判所可以就对总统等重要官员的弹劾案、政党合宪性、国
家机关和地方自治团体之间的权限纠纷等作出裁决。《大韩民国宪法》第
111 条第 1 款第 2 至 4 项规定,"宪法裁判所管辖下列事项……(2)弹劾案
的审判;(3)政党解散的审判;(4)国家机关之间、国家机关和地方自治团
体之间及地方自治团体之间的权限争议审判"。对于总统、行政部长、法
官等高级公务员在职务上的重大违法,宪法裁判所有权对其进行弹劾审
判。该宪法第 8 条第 4 款规定:"如政党的目的或活动违背民主的基本秩
序,政府可向宪法裁判所提起解散申请,政党根据宪法裁判所的判决被解
散。"《韩国宪法裁判所法》第 62 条规定,宪法判裁判所可以针对下列争议
进行裁判:国家机关之间的权限争议,包括国会、政府、法院以及中央选举
管理委员会之间的权限争议;国家机关与地方自治团体之间的权限争议;
地方自治团体之间的权限争议。①

捷克共和国宪法法院可以对地方自治机关和国家机关之间的权限争
议、选举事宜、对总统的弹劾、取消议会的决议、政党决定或活动等作出裁

---

① 参见胡建淼主编:《世界宪法法院制度研究》,浙江大学出版社 2007 年版,第 350—
354 页。

决。《捷克共和国宪法》第 87 条第 1 款规定:"宪法法院对下述事项作出裁判……(三)有关地方自治机关反对国家不合法干涉的宪法性申诉……(五)有关参议员或者众议员选举确认事务的上诉;(六)对众议员或参议员根据第 25 条的规定丧失被选举权及不得兼职提出的质疑;(七)参议院根据宪法第 65 条第 2 款的规定对共和国总统提出弹劾;(八)共和国总统建议取消众议院和参议院依据第 66 条的规定所作的决议……(十)解散政党的决定或者有关政党活动的决定,是否符合宪法性法律或者其他法律;(十一)有关国家机关和地方自治机关权限范围的争议,但上述争议属其他机构管辖者除外"。

由此可见,是否对政治问题进行审查,取决于一国内部的宪法监督机构的定位和创立的初衷。对于奥地利来说,其宪法法院要在沿袭奥匈帝国法院的角色同时辅助国家从帝国平稳过渡为联邦制国家。因此,奥地利宪法法院不能仅仅承担司法的功能,对于联邦制度的基本问题——联邦和州之间、各州之间的权限争议——及其与其他法院之间的关系都必须能够进行裁断。对于德国来说,其宪法法院同样承担着维护联邦制度和维系国家正常运转的职能。对于建立之初的定位是"政府机构联盟",其目标是抵制议会对政府的控制、维护政府的正常运转的法国宪法委员会,其对政治问题的涉入则是理所当然。反对宪法监督机构对政治问题进行审查的主要是由司法机关承担宪法监督职能的国家。之所以反对,其原因主要在于司法机关独立于立法机关和行政机关的特殊理念。值得注意的是,司法机关"司法"的性质并不必然导致对政治问题的回避审查。例如同样由法院对相关规范和行为是否合宪进行审查的英格兰,法官应当避免对议会和政府和政治判断进行审查的观念就并不强烈。英格兰法院曾经审理过多起外国人因其认为自己的情况不符合《引渡法》规定的应予引渡的情况而提起的案件。在这些案件中,英格兰法院不仅没有回避对政府在执行《引渡法》时进行的自由裁量是否合适的判断,反而对《引渡法》和政府的行为一一细加审查,要求其严格遵守法律的规定。①

不过,在政治问题中,关于哪些适合通过宪法审查作出决定,哪些不适合的问题,仍需进一步回答和厘清。综合几个国家宪法监督机关审查的政治问题,可能涉及我国的主要包括中央和地方间的权限争议、国家机构间的权限争议、选举异议等几个方面。其中,涉及选举异议中的大部分问题,我国《选举法》已经规定由不同的选举机构进行审查。例如对于选民名单有不同意见的,可以通过选举委员会和法院进行审查。《选举法》第 29 条规定:"对于公布的选民名单有不同意见的,可以在选民名单公布之日起五日内向选举委员会提出申诉。选举委员会对申诉意见,应在三日内作出处理决定。申诉人如果对处理决定不服,可以在选举日的五日以前向人民法院起诉,人民法院应在选举日以前作出判决。人民法院的判决为最后决定。"对选举过程和结果的审查,由选举委员会或人大主席团进行。第 46 条第 1 款规定:"选举结果由选举委员会或者人民代表大会主席团根据本法确定是否有效,并予以宣布。"对代表资格的审查,在 2015 年《选举法》修改之后,增加了代表资格审查委员会的设置,承担起这一职能。第 47 条规定:"代表资格审查委员会依法对当选代表是否符合宪法、法律规定的代表的基本条件,选举是否符合法律规定的程序,以及是否存在破坏选举和其他当选无效的违法行为进行审查,提出代表当选是否有效的意见,向本级人民代表大会常务委员会或者乡、民族乡、镇的人民代表大会主席团报告。县级以上的各级人民代表大会常务委员会或者乡、民族乡、镇的人民代表大会主席团根据代表资格审查委员会提出的报告,确认代表的资格或者确定代表的当选无效,在每届人民代表大会第一次会议前公布代表名单。"此外,在国外还有一种涉及选举的异议,即对选区划分和代表候选人数确定的异议。例如在日本,在涉及不同选区

---

① 参见〔英〕A.V.戴雪:《英国宪法研究导论》,何永红译,商务印书馆 2020 年版,第 248—249 页。

之间参众议院名额分配不均的问题上，日本民众于 1976 年、1983 年、1985 年、1993 年、1996 年、1998 年、1999 年、2004 年、2006 年、2009 年和 2010 年等分别向最高法院提起了诉讼。其中，在 1976 年、1985 年、1993 年关于众议院议员名额不均衡裁判中，投票价值差距达到 5：1、4.4：1、3.18：1；① 在 1983 年、1996 年、1998 年、2004 年、2006 年、2009 年、2010 年的关于参议院议员名额不均的裁判中，投票价值差距达到 5.26：1、6.59：1、4.97：1、5.06：1、5.13：1、4.84：1、5：1。② 此类争议在我国尚未真正出现，不过未来有出现的可能。本书认为，可以由全国人大常委会和省级人大常委会进行裁决。我国《选举法》第 12 条在规定了地方各级人大代表名额的基本数额之后，在第 3 款规定，"自治区、聚居的少数民族多的省，经全国人民代表大会常务委员会决定，代表名额可以另加百分之五。聚居的少数民族多或者人口居住分散的县、自治县、乡、民族乡，经省、自治区、直辖市的人民代表大会常务委员会决定，代表名额可以另加百分之五"。第 13 条规定，"省、自治区、直辖市的人民代表大会代表的具体名额，由全国人民代表大会常务委员会依照本法确定。设区的市、自治州和县级的人民代表大会代表的具体名额，由省、自治区、直辖市的人民代表大会常务委员会依照本法确定，报全国人民代表大会常务委员会备案。乡级的人民代表大会代表的具体名额，由县级的人民代表大会常务委员会依照本法确定，报上一级人民代表大会常务委员会备案"。第 14 条规定，"地方各级人民代表大会的代表总名额经确定后，

---

① 日本最高法院大法庭 1976 年 4 月 14 日判决，民集 30 卷 3 号第 223 页；日本最高法院大法庭 1985 年 7 月 17 日判决，民集 39 卷 5 号第 1100 页；日本最高法院大法庭 1993 年 1 月 20 日判决，民集 47 卷 1 号第 67 页。

② 日本最高法院大法庭 1983 年 4 月 27 日判决，民集 37 卷 3 号第 345 页；日本最高法院大法庭 1996 年 9 月 11 日判决，民集 50 卷 8 号第 2283 页；日本最高法院大法庭 1998 年 9 月 2 日判决，民集 52 卷 6 号第 1373 页；日本最高法院大法庭 2004 年 4 月 1 日判决，民集 58 卷 1 号第 56 页；日本最高法院大法庭 2006 年 10 月 4 日判决，民集 60 卷 8 号第 296 页；日本最高法院大法庭 2009 年 9 月 30 日判决，民集 63 卷 7 号第 1520 页；日本最高法院大法庭 2012 年 10 月 17 日判决，民集 66 卷 10 号第 3357 页。

不再变动。如果由于行政区划变动或者由于重大工程建设等原因造成人口较大变动的,该级人民代表大会的代表总名额依照本法的规定重新确定。依照前款规定重新确定代表名额的,省、自治区、直辖市的人民代表大会常务委员会应当在三十日内将重新确定代表名额的情况报全国人民代表大会常务委员会备案"。第 16 条第 3 款规定:"香港特别行政区、澳门特别行政区应选全国人民代表大会代表的名额和代表产生办法,由全国人民代表大会另行规定。"第 17 条第 1 款和第 3 款规定:"全国人民代表大会代表名额,由全国人民代表大会常务委员会根据各省、自治区、直辖市的人口数,按照每一代表所代表的城乡人口数相同的原则,以及保证各地区、各民族、各方面都有适当数量代表的要求进行分配……全国人民代表大会代表名额的具体分配,由全国人民代表大会常务委员会决定。"第 18 条规定:"全国少数民族应选全国人民代表大会代表,由全国人民代表大会常务委员会参照各少数民族的人口数和分布等情况,分配给各省、自治区、直辖市的人民代表大会选出。人口特少的民族,至少应有代表一人。"可见,对于全国人大代表的名额、省级人大代表名额、少数民族代表的名额,由全国人大常委会决定,其中香港和澳门特别行政区的人大代表名额由全国人大决定;市级和县级人大代表名额、省级人大代表名额的变动,在全国人大常委会处备案;乡级人大代表名额,在市级或省级人大常委会备案。不过第 15 条第 2 款又规定:"地方各级人民代表大会代表名额的分配办法,由省、自治区、直辖市人民代表大会常务委员会参照全国人民代表大会代表名额分配的办法,结合本地区的具体情况规定。"因此,对于乡级人大代表名额的确定,省级人大常委会同样有审查的权力。对于香港和澳门特别行政区人大代表的名额,虽然由全国人大决定,但是如果其中产生争议,那么在全国人大闭会期间由全国人大常委会进行裁决也并无不可。综上所述,对于全国、省级、市级和县级人大代表名额的争议,可以由全国人大常委会进行审查裁决,对于乡级人大代表名额的争议，可以由省级人大常委会进行审查裁决。

对于中央和地方间的权限争议和国家机构间的权限争议，也可以由全国人大常委会作为裁决机关。对中央和地方之间权限争议和国家机构之间权限争议的解决必然涉及对《宪法》条文和精神的解读。例如如何解释《宪法》第 3 条规定的"中华人民共和国的国家机构实行民主集中制的原则。全国人民代表大会和地方各级人民代表大会都由民主选举产生，对人民负责，受人民监督。国家行政机关、监察机关、审判机关、检察机关都由人民代表大会产生，对它负责，受它监督。中央和地方的国家机构职权的划分，遵循在中央的统一领导下，充分发挥地方的主动性、积极性的原则"。根据《宪法》第 67 条第 1 项的规定，解释宪法的职权属于全国人大常委会。对于国家机构来说，职权同时也是职责。因此，对于《宪法》中涉及中央和地方之间和国家机构之间的权限的条款的解释，全国人大常委会有权力也有责任进行。而且，全国人大常委会有权进行"监督宪法的实施"，是宪法监督机关。相对于一年仅有一次会期的全国人大来说，全国人大也更加有时间和精力对相关争议作出裁决。

四、基本权利保障

在世界各国的宪法监督机制中，对公民和其他组织的基本权利的保障几乎都是宪法监督的重要内容之一。例如《德国联邦基本法》第 93 条第 1 款第 4a 项规定，宪法法院应当裁决"认为公共权力机关侵犯个人基本权利或侵犯本基本法第 20 条第 4 款、第 33 条、第 38 条、第 101 条、第 103 条和第 104 条规定的权利时，任何人所提起的违宪申诉"。《德国联邦宪法法院法》第 13 条第 8-1 款规定，宪法法院裁决"关于宪法诉愿案件"。《德国联邦基本法》第 20 条的四款分别规定，"（一）德意志联邦共和国是民主的和社会的联邦国家。（二）一切国家权力来源于人民。国家权力由人民通过选举和表决以及通过立法、行政和司法机关来行使。（三）立法权遵循宪法秩序,行政权和司法权遵守法律和法律规范。(四)对于任何企图废除这一秩序的人,如不存在其他救济方式,所有德国人均有反抗权"。第33条第1—3款规定,"(一)在任一州内,所有德国人均享有同等的国民权利与义务。(二)所有德国人根据其资格、能力与专业水平享有同等担任公职的机会。(三)市民权与公民权的享有、进入公职的录取以及在公共服务中心所获得的权利不受宗教信仰的影响。任何人不得因信奉或者不信奉某种宗教教义或者世界观而受到歧视"。第38条第1款和第2款规定:"(一)德国联邦议院的议员由普遍、直接、自由、平等以及无记名的方式选举产生。他们是全体人民的代表,不受委任与命令约束,仅遵从其良心。(二)年满18周岁者享有选举权;达到成年人年龄者,享有被选举权。"第101条规定:"(一)不得设立特别法院。不得剥夺任何人接受法定法官审判的权利。(二)只有依照法律才得设立审理专门案件的法院。"第103条规定,"(一)在诉讼中人人享有听证权。(二)对行为的刑事处罚,以做出该行为前法律已规定的处罚为限。(三)依据普通刑事法律,任何人不得因同一行为遭受多次刑罚"。第104条规定:"(一)只有依据正式法律,并按照法律中规定的方式,方可限制人身自由。不得在精神上或身体上虐待被拘禁的人员。(二)只有法官才得就准许剥夺自由和剥夺自由的期限作出裁判。未依据法官命令剥夺自由的,应立即取得法官裁判。警察依据自己的绝对权力予以拘留的,拘留时间不得超过逮捕后次日的结束。具体细则由法律予以规定。(三)凡因涉嫌犯罪而暂时被拘留的,最迟在拘留后次日提交法官,法官须告知拘留理由,作出审讯并给予受拘留人辩驳的机会。法官须立即颁布说明逮捕理由的逮捕令,否则命令释放。(四)法官就有关剥夺自由的命令和剥夺自由的期限所作出的任何裁判,均应立即通知被拘留人的亲属或其信任之人。"《奥地利联邦宪法》第144条第1款规定:"凡原告声称其受宪法保护的权利因行政机关或独立行政评议会的决定遭到侵害,或者其权利因某项违法法令、违法的法律

（国家条约）重审令、违宪法律或违法国家条约的适用遭到侵害，而对行政机关或独立行政评议会的决定提出的指控，由宪法法院予以裁决。"第144条之一第1款规定："凡原告声称其受宪法保护的权利因庇护法院的裁决遭到侵害，或者其权利因某违法法令、违法的法律（国家条约）重审令、违宪法律或违法国家条约的适用遭到侵害，而对庇护法院的裁决提出的指控，由宪法法院予以裁决。"《克罗地亚宪法》第129条规定："克罗地亚共和国宪法法院应当……当政府机构、地方和区域自治机构以及具有公共权力的法律实体的个别决定违反人权和基本自由以及宪法赋予的地方和区域自治权利时，就针对这些个别决定的宪法诉愿作出决定。"《俄罗斯联邦宪法》第125条第4款规定："俄罗斯联邦宪法法院可以根据有关侵犯公民宪法权利和自由的控告，根据法院的询问，依照联邦法律规定的程序，审查在具体案件中适用的或应当适用的法律的合宪性。"在由宪法法院进行宪法监督的国家，直接针对公民基本权利的救济被称为宪法诉愿制度。《大韩民国宪法》第111条第1款第5项规定，"宪法裁判所管辖下列事项……法律规定的有关宪法诉愿的审判"。《宪法裁判所法》第68条规定，"如果因公权力的行使或不行使导致公民的宪法基本权利受到侵害，公民除可向法院要求裁判，也可以向宪法裁判所请求宪法诉愿审理；但是如果对公民的权利侵害有其他法律上的救济程序，那么必须经由其他程序之后方能提起宪法诉愿"。①《捷克共和国宪法》第87条第1款规定，"宪法法院对下述事项作出裁判……（四）有关公共机构的终局决定或其他侵犯宪法保护的基本权利和自由的宪法性申诉"。

在由宪法委员会进行宪法监督的法国，宪法委员会最初设立之时并没有直接针对公民基本权利进行救济的制度设计。法国宪法委员会对法律的审查主要以事前审查和抽象审查为主。根据修改之前的《法国

---

① 参见胡建淼主编：《世界宪法法院制度研究》，浙江大学出版社2007年版，第350—354页。

1958 年宪法》和《宪法委员会组织法》,对于重要的法律案——例如组织法、改革法和议会两院议事规则等——在经过议会两院立法程序通过、颁布或者提交全民公决之前,必须由宪法委员会对法案的合宪性问题进行审查;①对于其他法律案,如果特定人员——总统、总理、国民议会议长、参议院议长、60 名国民议会议员或 60 名参议员——提请,那么宪法委员会也应当在其正式颁布之前对其合宪性问题进行审查。②在法律案公布实施之后,只有地方或省议会、政府、督察等相关人员可以提请宪法委员会对地方性法律进行审查。由此可见,法国宪法委员会对法律案和生效法律的合宪性审查,主要呈现为政治审查,或者说宪法委员会所承担的是政治功能上的审查,而不主要是法律意义上的。当然,这是由于宪法委员会在设立初始就面临的是政府疲弱而议会过强的局面,因此委员会的最初定位是"政府联盟"而不是公民权利的救济机构。喀麦隆也是如此,宪法委员会仅受理特定主体提起的诉讼。《喀麦隆共和国宪法》第 47 条第 1 款规定:"……(2)宪法委员会受理共和国总统、国民议会议长、参议院议长、1/3 的国民议员或者 1/3 的参议员提出的案件。地方行政首长可以向宪法委员会提出与地方利益相关的案件。(3)在法律以及国际条约和国际协定公布前,共和国总统、国民议会议长、参议院议长、1/3 的国民议员或者 1/3 的参议员可以向宪法委员会提起关于法律、国际条约和协定的诉讼。地方行政首长可以根据第 2 款的规定提起诉讼。"

不过,随着宪法审查制度在全球范围内保障公民权利功能的凸显,尤其是美国以及法国国内对宪法委员会无法承担这一功能的责难,法国也开始逐步拓展宪法委员会的职权,更加开放地纳入各种审查形式。这一进程首先体现在 1971 年"结社法案",这是法国宪法委员会自 1958 年戴高乐宪法创立之后积极宣告议会立法无效、保障公民基本权利的第一个

---

① 《法国 1958 年宪法》第 11 条第 1 款、第 61 条第 1 款。
② 《法国 1958 年宪法》第 61 条。

典型案件。在面对政府和立法机关多年的"谦抑"态度之后,此案为宪法委员会保障公民权利的功能奠定了基础。随后在1974年的宪法修改中,法国将能够在法律生效之前提出对法律合宪性问题的主体从4个增加到6个,增加了60名国民议会议员和60名参议员,大大提升了除重要法律之外的其他法律被提请进行合宪性审查的概率,尤其是使得对少数人权利可能产生影响的法律案在生效之前获得宪法委员会审查的途径大范围畅通。此后,1999年的法国《宪法委员会组织法》修改纳入了对已经生效的地方性法律提请委员会进行合宪性审查的机制,使得宪法委员会的职权从事前审查进一步拓展至事后审查——只不过在这个阶段,事后审查的提请主体和提请范围还有很大的限制。这一问题在最近的,也就是2008年和2009年的修改中得以大幅度解决。2008年和2009年,法国先后修改了《法国1958年宪法》和《宪法委员会组织法》,赋予私主体在具体案件的诉讼过程中,如果认为所涉法律存在违宪问题的,可以通过主审法官、经由最高法院或者最高行政法院、提请宪法委员会对法律的合宪性问题进行先行审查,随后初审法院才根据宪法委员会对相关法律条文的判断继续对具体案件进行审理和裁判。这一制度对于法国作为成员国所参加的欧盟法制体系中的"欧盟法先决问题",或者称之为欧盟法"初步裁决程序"①,即如果成员国法院在审理具体案件过程中发现需要对欧盟法条文进行解释的,则应当中止审理,提请欧洲法院对欧盟法条文进行解释,随后再参考这一解释对具体案件进行审理和裁判。欧盟的这一制度则学习于意大利。②此次修宪和修法之后,所有的已生效法律都能够通过个人在具体案件中的提请交由宪法委员会进行审查。具有类似规定的还有哈

---

① [法]杰哈·马库:《法国"违宪先决问题"之制度与实务》,李鏐澂译,载《交大法学》2014年第1期。

② 参见王玉芳,《先决裁判制度:欧洲一体化进程中的一张王牌》,载赵海峰,金邦贵编:《欧洲法通讯》(第四辑),法律出版社2003年版,第56页。

萨克斯坦共和国。《哈萨克斯坦共和国宪法》第 72 条第 2 款规定,在本宪法第 78 条规定的情况下,宪法委员会审议法院的请求。第 78 条规定:"各法院均无权适用损害本宪法确认的人和公民的权利与自由的法律以及其他规范性法律文件。如果法院认为,应当适用的法律或者其他规范性文件损害了由本宪法确认的人和公民的权利和自由,则法院有义务中止该案件的诉讼,并请求宪法委员会认定该文件违宪。"

尽管这一提请还仅仅是间接提请,个人仍不能直接向宪法委员会提出审查相关法律的要求,委员会也无权直接在具体案件中对相关法律条文的合宪性问题进行审查,但是个人通过具体案件提请审查这一大门已经打开。国内学者将法国的这种基本权利救济程序译为"合宪性审查问题优先移送"[1]或"合宪性问题移送"[2]。

在由普通法院进行宪法监督的美国、日本和英国,对私主体基本权利的保障是宪法监督的一个重要功能。例如在美国,能够在法院提起诉讼,需要案件满足"案件或争讼性"(cases and controversies)的规定,其核心是"可裁判性"(justiciability)。[3]这一要求包含四个方面内容:首先,当事人受法律保护的权利或利益受到侵害。早期,诉讼资格还要求当事人受到侵害的权利或利益必须是法律所明确规定的人身或财产利益,但是20 世纪 50 年代以后,非人身或财产损失的诉讼、其他法律没有明确规定的利益以及公益诉讼也逐渐获得承认。[4]其次,受到侵害的权利或利益必须是真实具体的,而不能是想象的或抽象的。例如 1947 年的美国公务员诉米歇尔案(United Public Workers v. Mitchell),最高法院就以公民服务工作委员会(Civil Service Commission)的 Hatch 法案尚未真正限制其

---

[1] 林来梵:《合宪性审查的宪法政策论思考》,载《法律科学》2018 年第 2 期。

[2] 王蔚:《客观法秩序与主观利益之协调——我国合宪性审查机制之完善》,载《中国法律评论》2018 年第 1 期。

[3] 参见韩大元、张翔等:《宪法解释程序研究》,中国人民大学出版社 2016 年版,第 118 页。

[4] 范进学:《美国司法审查制度》,中国政法大学出版社 2011 年版,第 222 页。

雇员的言论、出版和集会权利为由,驳回了其中 11 人的起诉;仅有 1 人的起诉获得支持,因为其政治活动被指控违背该法案,因而面临着被解雇的切实危险。这一要件也被称为"成熟性"要件(ripeness)。再次,受到侵害的当事人必须是具体的、可辨别的。例如 1923 年美国最高法院在弗朗明翰诉梅隆案(Frothingham v. Mellon)中对联邦国会向州分配财政金涉嫌违反《美国宪法》第 10 条关于州权力保留规定的裁判,认为提起诉讼的纳税人的利益受影响情况轻微,因而不具有诉讼资格。最后,当事人所诉之事是适合通过司法权运作予以解决的,而不是政治事务。其中,第一项和第二项要求意味着,如果当事人提起的是需要法院进行宪法审查的涉及宪法的诉讼,那么当事人的宪法权利或利益应是遭到了切实的损害。有鉴于此,对基本权利的救济,尽管并非美国联邦最高法院确认宪法监督机制的初衷,却因由普通法院实施而成为这一机制最强有力的支撑和最核心的目标。

在日本提起诉讼也需要当事人以自己的权利或法律保护的利益受到侵害为由,提出属于法律上所能够解决的争议。这其中包含几个要求:第一,当事人所提出的诉讼请求必须有具体案件作为依托。如果没有具体案件发生,当事人的权利并没有受到切实的侵害威胁,仅仅提出对法律条文进行解释或审查的要求,无法启动诉讼程序。例如,日本最高法院大法庭在 1952 年驳回的日本社会党代表铃木茂三郎请求确认作为自卫队前身的警察预备队违宪无效的诉讼,就是基于司法权不对规范性文件或行为作抽象性判断的理由。①但是法律也规定了对这一要求的例外情形,例如《公职选举法》第 203、204 条的选举诉讼,《地方自治法》第 242 条之二的居民诉讼、行政诉讼法第 5 条和第 6 条的民众诉讼和机关诉讼,就允许公民、国家或公共团体对与自己的权利或法律上利益无关的行为或权限,

---

① 日本最高法院大法庭 1952 年 10 月 8 日判决,民集 6 卷 9 号第 783 页。

提起不符合宪法或法律的诉讼。这些诉讼在日本学理上称为"客观诉讼"。①第二,当事人所提起的诉讼必须适宜法院运用司法权进行裁断。仅仅涉及事实问题、资格评定或与宗教教义紧密相关的事项不属于法院审查的范围。例如,日本最高法院 1966 年的裁判指出,对国家考试成绩合格与否的判定应当由考试机关进行,而非法院。②1981 年和 1988 年在"曼佗罗板"案件和"日莲正宗莲华寺"案件中的判决则指出,以宗教教义上的争议为实体或核心的纠纷,同样不是诉讼管辖的范围。③第三,当事人所诉请的必须是法律问题,而非政治问题。

对于我国的宪法监督机制,大多数学者认为应当追随世界潮流,将对公民基本权利的保障纳入。例如韩大元教授曾经指出,"合宪性审查制度在其形成之初,所处理的问题主要集中于国家机关之间的权限争议。但是,到了二战后,由于人权遭受极端践踏的惨痛教训,实现权利的有效保护成为合宪性审查制度的主要功能。因此,在世界范围内,合宪性审查制度的作用也出现新转型,即保障公民基本权利、维护国家统一与价值观的有序"。推动我国的合宪性审查工作也有助于对公民基本权利的保障。④李忠夏教授认为,合宪性审查包括两个功能,一个是政治功能,一个是法律功能。政治功能需要直接依靠民主实现,法律功能则需要通过保障基本权利,间接促进民主。⑤刘国教授主张,在公民或其他组织的基本权利遭受国家公权力侵犯后,如果穷尽其他法律手段无法获得救济,那么应当能够通过宪法监督机制获得保障。⑥范进学教授认为,"当公民基本

---

① ［日］芦部信喜:《宪法(第六版)》,林来梵等译,清华大学出版社,第 268 页。
② 日本最高法院 1966 年 2 月 8 日判决,民集 20 卷 2 号第 196 页。
③ 日本最高法院 1981 年 4 月 7 日判决,民集 35 卷 3 号第 443 页;日本最高法院 1988 年 9 月 8 日判决,民集 43 卷 8 号第 889 页。
④ 韩大元:《关于推进合宪性审查工作的几点思考》,载《法律科学》2018 年第 2 期。
⑤ 参见李忠夏:《合宪性审查制度的中国道路与功能展开》,载《法学研究》2019 年第 6 期。
⑥ 参见刘国:《我国宪法实施与释宪机制的完善探析》,载《法学评论》2016 年第 2 期。

权利受到国家机关立法侵害时,如果缺乏救济渠道,则会加剧社会矛盾或冲突,引发社会失序。因此,顺应世界宪政潮流,应当建构以权利救济为核心的宪法实施制度"。①当然也有学者持反对意见,例如郑贤君就曾经指出,宪法审查的目标应当主要是宪法秩序的维护而不是权利的救济。比如法国的宪法委员会早期的目标是前者,德国的宪法法院二者兼有,美国则是后者,我国也应当以对宪法秩序的维护为宪法审查的核心目标。②

早期学者更加倾向美国或日本模式,由普通法院在民事、行政或刑事诉讼中对涉及的法律进行附带性的合宪性审查,并对案件当事人提供即时的救济。③这一模式在 2001 年最高人民法院作出《关于以侵犯姓名权的手段侵犯宪法保护的公民受教育的基本权利是否应承担民事责任的批复》之后,开始以"宪法司法化"的外观出现,例如王磊教授、谢维雁教授等,就主张宪法应当同其他部门法一样,成为法院审理案件、作出裁判的直接依据。④蔡定剑教授也曾经主张,根据宪法审查与宪法诉讼相区别的理论,在我国宪法审查权仍应由全国人大常委会行使,但是宪法诉讼的职责应当由最高人民法院承担。⑤谢立斌教授也指出,我国《宪法》第131 条所规定的"人民法院依照法律规定独立行使审判权",没有排除宪法的法律渊源地位。因此,在涉及基本权利的个案中,如果立法缺位,那么法院应当直接适用宪法上相关的基本权利条款。⑥但是自 2008 年"齐案批复"被废止之后,这一观点逐渐式微。也有学者曾经主张,我国可以像德国和奥地利等国家那样,建立专门的宪法法院进行宪法审查并承接

①　参见范进学:《建构以权利救济为核心的宪法实施制度》,载《法学论坛》2016 年第 2 期。
②　参见郑贤君:《作为政治审查的合宪性审查》,载《湖北科技大学学报》2018 年第 5 期。
③　例如陈晓枫:《宪法监督模式论》,载《武汉大学学报》1998 年第 3 期。
④　参见王磊:《宪法的司法化——二十一世纪中国宪法研究的基本思路》,载《法学家》2000 年第 3 期;谢维雁:《论宪法的司法化》,载《西南民族学院学报》2000 年第 12 期。
⑤　参见蔡定剑:《中国宪法司法化路径探索》,《法学研究》2005 年第 5 期。
⑥　参见谢立斌:《论法院对基本权利的保护》,载《中国法学》2012 年第 2 期。

宪法诉讼。①但是这一模式对我国既有制度的突破较大,因此并没有被理论界和实务界广泛接受。当前更多学者认可的是借鉴法国和欧盟的"合宪性问题优先移送"机制,并借此激活我国《立法法》第 90 条第 1 款规定的宪法审查要求和建议机制。具体来说是,在法院审理案件过程中,如果发现作出裁判所依据的规范存在合宪性问题时,可以先交由全国人大常委会作出宪法判断,在全国人大常委会作出规范是否合宪的判断后,再由法院根据这一判断作出对案件的裁决。在这其中还有两种模式,一种是所有法院都可以向全国人大常委会提出审查要求,不需要经过最高人民法院的审查代为提请。②另一种是当地方各级法院发现规范存在合宪性问题时,层报最高人民法院,由最高人民法院移送全国人大常委会进行审查。③赞同此类模式的还有孙煜华和童之伟、黄明涛等学者。④从我国既有法律提供的制度来看,合宪性问题优先移送机制的确更加适宜在我国现阶段予以引入,据此提供对公民权利的保障途径。

五、宪法解释

在宪法监督的过程中,不可避免的一项工作就是对宪法的解释。在大多数国家,宪法解释的机制存在于宪法监督机制之中,即宪法监督机关在对相关规范和行为进行审查的时候,通过解释宪法得出这些规范或行为是否合宪的结论。不过,也有许多国家对宪法监督过程中的宪法解释

---

① 参见康大民:《建议设立宪法法院》,载《法学杂志》1981 年第 2 期;胡肖华:《展望中国宪法法院》,载《比较法研究》1989 年第 1 期。

② 参见胡锦光:《论合宪性审查的"过滤"机制》,载《中国法律评论》2018 年第 1 期。

③ 参见林来梵:《合宪性审查的宪法政策论思考》,载《法律科学》2018 年第 2 期;王蔚:《客观法秩序与主观利益之协调——我国合宪性审查机制之完善》,载《中国法律评论》2018 年第 1 期。

④ 参见孙煜华、童之伟:《让中国和现行审查制形成特色并行之有效》,载《法律科学》2018 年第 2 期;黄明涛:《最高人民法院与具体审查——合宪性审查要求权的制度建构》,载《中国法律评论》2020 年第 1 期;黄明涛:《具体合宪性审查的必要性及其制度空间》,载《比较法研究》2020 年第 5 期。

工作进行了突出规定。例如,《德国联邦基本法》第93条第1款第1项规定:"联邦宪法法院裁判下列案件:(1)联邦最高权力机关或由本基本法和某一联邦最高权力机关通过议事规则授予自有权利和其他关系人就其权利和义务范围发生争议时,要求对本基本法进行解释的……"《德国联邦宪法法院法》第13条第五项也认可了这一职权。《阿拉伯联合酋长国宪法》第99条第4款规定,最高法院的职权包括"如果某联邦机构或酋长国政府要求时,则必须对宪法条款进行解释……"《巴基斯坦宪法》第186条规定:"在任何时候,总统如认为某问题具有公共重要性有必要获得最高法院的意见,则其可将该问题提交最高法院。最高法院应考虑提交的问题,并将对问题的意见报告总统。"《不丹宪法》第1条第11款规定,"最高法院是本宪法的守护者,是拥有宪法最终解释权的机构";第21条第8款规定,"凡法律或事实问题在性质和公共重要性上需要最高法院解释时,国王可以将该问题交由最高法院考虑。最高法院应听取该问题的相关意见并将该意见呈报给国王"。《吉尔吉斯斯坦宪法》第97条第6款第2项和第3项规定,最高法院宪法庭有权"(2)对尚未发生法律效力的、吉尔吉斯斯坦共和国作为缔约国所签署国际条约的合宪性出具结论意见;(3)对本宪法的修改补充法草案出具结论意见"。《马来西亚宪法》第130条规定,"最高元首可以将涉及本宪法任何条款之效力的任何问题,无论其已经发生或者认为有可能发生,提交联邦法院征询意见;联邦法院对所提交问题应当在法庭公开宣告其意见"。《孟加拉国宪法》第106条规定,"如果总统认为已经产生或可能产生对国家意义重大且有必要征询最高法院意见的法律问题,总统可将此问题提交上诉法庭考量,上诉法庭经认真考量后,得向总统汇报其对此问题的意见"。《印度宪法》第143条第1款规定,"如果总统认为出现了或者即将出现对公众而言具有重要的法律或事实问题,宜咨询最高法院意见的,得将该问题移送最高法院考量;在举行其认为必要的聆讯之后,最高法院得将其意见呈交总统"。《斐济宪法》第

123 条规定,"总统可以为了公共利益,根据内阁建议,向最高法院提起本宪法引起的或将要引起的会产生影响的任何问题,最高法院须对此问题公开发表意见"。《挪威宪法》第 83 条规定,"议会可以要求最高法院就法律问题发表意见"。《哥斯达黎加宪法》第 167 条规定,"立法议会讨论与通过有关司法机关的组织与职权的法案必须向最高法院咨询"。《瑙鲁宪法》第 55 条第 1 项规定,"经内阁批准,总统或部长可就内阁在解释和实施本宪法任何条款方面已发生的或有可能发生的争议提交最高法院。最高法院应当在公开法庭上宣布对该项争议的意见……"《南苏丹宪法》第 126 条第 2 款第 1 项规定,最高法院可以"应总统、南苏丹政府、任何州政府、或两院中任何一院的请求,解释宪法条文"。《卢旺达宪法》第 109 条第 1 款的规定,"共和国总统基于政府的建议且在咨询最高法院的意见后,可将任何事关国家利益的问题、普通法律草案、组织法草案以及有关虽不违背宪法但影响国家机构运行的条约批准的法律草案,付诸全民公决"。第 111 条第 1 款规定,"共和国总统在法律规定的条件下并在咨询最高法院的意见后行使赦免权"。《斯洛文尼亚宪法》第 160 条第 2 款规定,"在批准国际协议的过程中,根据国家总统、政府或者 1/3 以上国民议会议员的提议,宪法法院应对此类协议的合宪性出具意见"。《乌克兰宪法》第 151 条规定,"乌克兰宪法法院根据乌克兰总统或者乌克兰内阁的请求,可以出具乌克兰现行国际条约或者那些提交给乌克兰最高拉达以便同意履行义务的国际条约是否符合乌克兰宪法的结论意见。根据乌克兰最高拉达的请求,乌克兰宪法法院可以出具关于遵守调查和审议乌克兰总统弹劾案的宪法程序的结论意见"。《乌克兰宪法》第 150 条第 2 款规定,乌克兰宪法法院的职权范围包括"对乌克兰宪法和乌克兰法律作出正式解释"。《俄罗斯联邦宪法》第 125 条第 5 款规定:"俄罗斯联邦宪法法院可以根据俄罗斯联邦总统、联邦委员会、国家杜马、俄罗斯联邦增幅、俄罗斯联邦主体立法权力机关的询问,对俄罗斯联邦宪法作出解释。"《哈萨克斯坦共和国宪法》第 72 条第 1 款第 4 项规定,"宪法委员会根据哈萨克斯坦共和国总统、参议院议长、议会下院议长、议会 1/5 的代表、总理的请求……(4)对本宪法的规范作出正式解释"。此外,塞拉利昂(宪法第 122 条第 1 款)、萨尔瓦多(宪法第 182 条第 13 项)、萨摩亚(宪法第 73 条第 3 款)、阿塞拜疆(宪法第 130 条第 4 款)等国家的宪法也作出了类似的规定。以上在对规范和行为的正式审查之外规定的宪法解释,实质上较为类似于宪法咨询,即宪法监督机构就当前事件涉及的宪法条文的内涵或精神提出自己的解读,供涉事当事人参考或遵行。从广义上来讲,宪法咨询属于宪法监督,因此宪法咨询类的宪法解释也属于本书所讨论的宪法监督的一个组成部分。

有的国家则将宪法解释作为宪法监督之外的一项工作另行规定。例如《保加利亚宪法》第 149 条第 1 款第 1 项规定,"宪法法院应当:(一)提供具有拘束力的宪法解释"。《喀麦隆共和国宪法》第 47 条第 4 款规定:"(4)宪法委员会对属于其权限的问题发表意见。"这些规定是在其他宪法监督事项之外单独进行的,并且没有规定提请主体。这意味着保加利亚宪法法院和喀麦隆有权直接作出宪法解释,而且其宪法解释对其他国家机关具有拘束力。

我国也较为特殊,《宪法》第 67 条第 1 项的规定是"解释宪法,监督宪法的实施"。"解释宪法"并没有与"监督宪法的实施"规定在不同的条款中。与此同时,"解释宪法"也并没有完全包含于"监督宪法的实施"的职权之中。这意味着对于全国人大常委会来说,"解释宪法"是与"监督宪法的实施"既有关联又不完全等同的职权。换句话说,我国宪法可能认可宪法解释既有包含于监督宪法的实施之中的部分,又有独立于监督宪法的实施的部分。基于这一理解,本书认为可以将全国人大的宪法解释分为两个基本组成部分:独立性解释和附随性解释。后者是宪法监督机关在对法律和其他规范进行事前合宪性控制和事后合宪性审查以及出具宪法咨询意见的过程中,附随合宪性判断或者审查决定的作出而进行的解释。附随性解释内含于宪法监督程序之中,是宪法监督的一个组成部分。

独立性解释则是在没有宪法审查需求的情况下,为了厘清宪法的含义,或者在毋需修改宪法的前提下为了实现宪法规定能够不断适应社会的发展变化而进行的解释。因此,独立性解释外在于宪法监督。在我国,独立性解释要服务于重要的"政策性功能"。全国人大常委会法工委法规备案审查室主任梁鹰就强调指出,"涉及重大制度或政策调整,在一时难以启动宪法修改而又需要广泛凝聚共识的情况下,就需要……由全国人大常委会及时对宪法有关内容作出有权解释,为重大改革决策部署提供合宪性支撑,以适应新时代改革发展的要求"。[①]政策性解释有两个重要的特点,一个是政策性。政策性解释主要承担的是对宪法中模糊语词作出符合我国政策导向的解释性工作,据此为中央各个国家机关和地方政府提供当前立法和行动的方向。因此,政策性解释的外观可能以抽象的政治话语为主。不过也并不必然如此,政策性解释也可能附带提出具体的措施和试点工作要求,积极推动对相关政策的落实。另一个特点是改革性。从梁鹰主任的话中可以看出,政策性解释往往在可能涉及需要修改宪法的情况中出现。这意味着政策性的宪法解释恐怕会超出宪法的原意或宪法文本的通常含义,即需要对宪法作出变迁性和改革性的解释。这对于处在深化改革进程之中的我国尤其重要。在中华人民共和国的发展历程中,之所以不断有学者提出诸如"良性违宪""宪法变通""实质合宪""宪法规范层次"等概念,就是为了解决改革与宪法之间的张力。[②]政

---

① "党的十九届四中全会要求'落实宪法解释程序机制'首个正式宪法解释案值得期待",法制网,来源网址:http://epaper.legaldaily.com.cn/fzrb/content/20191210/Articel06002GN.htm,最后访问日期:2020年6月12日。

② 参见郝铁川:《论良性违宪》,载《法学研究》1996年第4期;江国华:《实质合宪论:中国宪法三十年演化路径的检视》,载《中国法学》2013年第4期;沈岿:《宪法规范层次论:一种解释方法》,载《清华法学》2012年第5期等。

策性解释也能够实现这一目标;而且如果对改革政策的解释能够符合宪法的精神、目的,甚至具体规定,那么即便是"良性违宪"等诸如此类的词语都不必要了,因为改革政策已经被解释得"合宪"了。

政策性解释在我国的历史上并不鲜见,只是我们一直没有将其视为对宪法的解释,反而不断质疑其存在的合理性和形式的合法性。例如2016年12月25日第十二届全国人大常委会第二十五次会议通过的《关于在北京市、山西省、浙江省开展国家监察体制改革试点工作的决定》(以下简称"《决定》")和2017年11月4日第三十次会议通过的《关于在全国各地推开国家监察体制改革试点工作的决定》,就可以看作是两次对宪法的政策性解释。2016年的《决定》指出:"实行监察体制改革,设立监察委员会,建立集中统一、权威高效的监察体系,是事关全局的重大政治体制改革。"虽然并未明确对应《宪法》的内容和条文,但是可以看出是对《宪法》序言中国家根本任务的解释——监察体制改革作为一种政治体制改革,是对《宪法》所要求的"坚持改革开放,不断完善社会主义各项制度……推动……政治文明……发展"的回应。与此同时,通过试点的方式增设新的国家机构——监察委员会——并不违反宪法的规定。"明示即排除"规则一般只适用于解释宪法对国家机构权力的授予,并不适用于国家机构的设立。在美国、英国和澳大利亚,就一直存在着从未由成文的宪法性文本确认的公权力机构和组织,典型的如内阁,就是英国普通法传统在宪法惯例上的产物。尽管《决定》并未对这一点予以明确解释,但是《决定》的作出本身已经暗含了这一解释。两个《决定》在开篇还指出,"根据党中央确定的《关于在北京市、山西省、浙江省开展国家监察体制改革试点方案》……决定:在北京市、山西省、浙江省开展国家监察体制改革试点工作","为了贯彻落实党的十九大精神,根据党中央确定的《关于在全国各地推开国家监察体制改革试点方案》……决定:在全国各地推开国家监察体制改革试点工作"。这两句也回应了修宪之前《宪法》序言中规定的

"中国各族人民将继续在中国共产党领导下……坚持改革开放,不断完善社会主义各项制度……推动……政治文明……发展"。2018 年修宪之后,政策改革的依据更加明确为《宪法》第 1 条第 2 款第 2 句的规定,"中国共产党领导是中国特色社会主义最本质的特征"。将全国人大常委会根据党中央的决策作出的两个《决定》定位为宪法解释,可以解决监察体制改革这一重大决策仅仅经由常委会以决定形式予以规定的民主悖论。如果《决定》是宪法解释,那么常委会所行使的不过是现行《宪法》第 67 条明确授予它的权力而已,并没有僭越必须由最具有民主代表性的机构,即全国人大行使的制定基本法律,甚至修宪的权力。如果前述两个《决定》可以看作是对宪法的解释,那么中共中央办公厅 2016 年 11 月 7 日印发的《关于在北京市、山西省、浙江省开展国家监察体制改革试点方案》和 2017 年 10 月 29 日印发的《关于在全国各地推开国家监察体制改革试点方案》,可以看作是党中央向全国人大常委会提出的宪法解释申请。此后全国人大常委会作出的两个《决定》,就是对解释申请的回应。除具有实体规定性和行为规范性的决定之外,全国人大常委会也曾经通过决议形式作出过宪法解释。例如 1955 年的《关于解释法律问题的决议》和 1981 年的《关于加强法律解释工作的决议》,就分别对五四宪法第 31 条第 3 项和七八宪法第 25 条第 3 项中规定的全国人大常委会解释宪法的职权进行了解释,尤其是对在何种情况下、以何种形式作出法律解释的问题进行了厘清。鉴于政策性解释的两个特点和既有实践,笔者认为,全国人大常委会可以继续沿用决定和决议形式作出对宪法的政策性解释。政策性解释的改革性意味着解释本身也可能具有一定的变迁性和流动性。因为随着试点工作的不断展开,可能会出现一些最初没有预料到的情况,这个时候就需要在短期内重新作出宪法解释。以新的常委会决定决议形式改变旧的决定决议,对整体法律体系的安定性影响相对较小。政策性解释的政策性则暗含使用语言的政治性,以决定决议形式而不是立法形式作出此类解释,也更加符合其政治外观,避免法律和政治的过分混同。不过根据常委会决定和决议所承担的不同功能①,以宪法条文或概念为主要内容的解释更适合以决议的形式作出,例如《关于〈宪法〉××条或〈宪法〉中××概念的解释的决议》;决定的形式则更加适合于常委会通过对宪法的解释或确认党中央对宪法含义的把握为某些改革措施的推动提供宪法依据的情况,前述涉及监察体制改革试点工作的决定就是典型。

六、本章小结

在世界各国的宪法监督机制中,宪法监督的对象主要包括两个方面:规范和行为。广义的行为包括规范,即相关国家机构制定出台具有拘束力文件的行为,也可以称为抽象行为。不过本书采取狭义的行为概念,仅指国家机关及其工作人员的具体行为。在我国《宪法》《立法法》《全国人大组织法》和《监督法》等法律规范的现有规定中,既包括了对规范的监督,也涵盖了对行为的监督。对规范的监督主要包括全国人大对全国人大常委会不适当的决定的监督,这里的"不适当的决定"可以宽泛解释为包括不符合宪法的法律;对规范的监督还包括全国人大常委会对法规(行政法规、监察法规、地方性法规、自治条例和单行条例、经济特区法规)和司法解释的监督。其中尚未包括对全国人大法律和决议决定的监督,对依据法律出台的执行性行政法规、执行性监察法规、执行性地方性法规和司法解释,则并未区分合法性监督和合宪性监督。笔者赞同大多数学者的呼吁和世界大多数国家宪法监督,无论是全国人大出台的法律和决议决定,还是全国人大常委会出台的法律和决议决定,都应当纳入合宪性审查。对于法规和司法解释,笔者则在考虑工作量和工作专业化的基础上,倾向刘志刚教授的观点,即对执行性法规和司法解释,应当以合法性审查

---

① 参见蔡定剑:《中国人民代表大会制度》(第四版),法律出版社 2003 年版,第 316—317 页。

为主,对职权性行政法规、领导性监察法规和先行性地方性法规,才应当直接进行合宪性审查。

对于行为的监督,在我国的《宪法》和其他法律的规定中,是通过全国人大或全国人大常委会有权进行监督的机构和有权罢免的机构人员推衍得出的。那么全国人大或全国人大常委会有权对相关国家机构和人员的哪些行为进行监督呢?是否所有的监督都属于宪法意义上的监督?在其他国家宪法监督机构监督的行为中,大多包括选举活动、政党活动、紧急状态权力的行使等。《奥地利联邦宪法》则赋予其宪法法院监督联邦和州所有公职人员的公务行为的权力。奥地利的这种安排使得宪法法院在承担宪法监督职责的时候,同时承担了公务员法院或行政法院的角色。

除上述几项与宪法监督直接相关的内容外,有的国家宪法还赋予了宪法监督机构其他的职权。例如《奥地利联邦宪法》第137条规定:"与联邦、州、市镇或市镇联邦的财产权争议,凡不能通过普通法律程序或由行政机关决定获得解决的,由宪法法院作出裁决。"这意味着奥地利联邦宪法法院还有权就政府财产权进行管辖。此类争议在我国出现的可能性不大,即便出现在行政系统内部或者通过党委的协调也可以解决,不需要纳入宪法监督的对象。《捷克共和国宪法》第87条第1款第9项则规定,"宪法法院对下述事项作出裁判……(九)为执行对捷克共和国有拘束力的国际法院判决而采取必要措施,但可以通过其他方式执行者除外"。捷克共和国宪法法院还可以采取必要措施执行国际法院的判决。在我国,国际法院的判决并不直接产生效力,如果确实需要产生效力的,由全国人大和全国人大常委会通过决议决定的形式予以接受和具体化是可以选择的方式。《哈萨克斯坦共和国宪法》第72条第1款规定,"宪法委员会根据哈萨克斯坦共和国总统、参议院议长、议会下院议长、议会1/5的代表、总理的请求……(5)在本宪法第47条第1款和第2款规定的情况下,出具结论意见"。第47条第1款规定,"在因病长期不能履行总统职责的情况下,哈萨克斯坦共和国总统可以被提前解除职务……提前解除总统职务的决议,应当在具备……宪法委员会关于遵守宪法规定程序的结论意见的前提下……通过。"第 2 款规定:"共和国总统应当对履行总统职责时实施的行为承担责任……对共和国总统的调查,应当由参议院予以组织。……关于该问题的最终决议,可以在……宪法委员会关于遵守宪法规定程序的结论意见的前提下……通过"。哈萨克斯坦共和国宪法委员会除了对规范和行为进行合宪性审查之外,还有权对总统提前解除职务和调查决议过程中的程序给出结论性意见。在我国,对于重要国家机构负责人进行罢免和调查结果决定作出的程序,《全国人大组织法》和《监督法》并没有细致的规定可供宪法监督主体参考。因此,在当前这个阶段,全国人大和全国人大常委会尚无需也无法承担对程序性问题的合宪性审查。不过,如果未来我国程序法制的建设更加完善,那么全国人大及其常委会也可以承担起这一职责。

对于宪法监督机关能够监督的规范和行为的范围,不同国家的规定也有不同。有的国家法律传统强调不同国家机构之间的职责范围和权力界限,因此同时承担宪法监督职能的国家机构秉承克制的态度,避免僭越其他国家机构的职能。例如由普通法院进行宪法监督的美国和日本,就是这一司法哲学的典型。这些国家的宪法监督机构对规范和行为中的政治问题不予审查。有的国家虽然同样由普通法院进行宪法监督,但是并不强调不同国家机构之间的分离和对立,相反更加注重主权机构对其他机构的监督。例如英国,由于其议会主权的传统和由普通法院负责监督议会立法遵守情况的法治精神,法院并不会拒绝对政治问题作出自己的判断。德国、奥地利、法国等以专门机关进行宪法监督的国家,也不反对甚至鼓励宪法监督机关就政治问题进行裁决。我国由全国人大及其常委会进行宪法监督,这两个机关不仅仅是立法机关,也是最高国家权力机关和常设机关,本身既有权力也有责任就政治问题作出判断。因此,在我国的宪法监督制度中,对政治问题的审查不存在问题。

宪法监督机制中,有一项重要的内容是对公民基本权利的保障。对于规范和行为的监督,在大多数国家都规定了可以由特殊主体提请。对于普通公民在基本权利受到法律或国家机构的行为侵犯时如何进行提请,不同国家有不同的规定。德国等秉承宪法法院监督模式的国家,要求主体在穷尽司法救济之后方可向宪法法院直接提出。这种要求导致绝大多数向宪法法院提出的宪法审查要求都是针对法院的裁判的,其中有的仅针对法院裁判,有的是直接针对法院裁判,间接针对裁判所依据的法律规范。①美国和日本等以普通法院进行宪法监督的国家,提请宪法监督的条件则和提起普通案件一样。如此看来似乎对公民基本权利的保障更为有效,但却又使得宪法监督启动的门槛过低,宪法监督机关的工作量过大。对于我国由全国人大及其常委会进行宪法监督的特殊体制来说,如果允许公民可以直接向全国人大和全国人大常委会提起宪法诉讼,那么这两个机构将不堪重负。如果允许公民可以直接向法院提起宪法诉讼,那么又需要解决法院究竟是否享有宪法解释权力的问题。在 2008 年和 2009 年的时候,法国学习了欧盟和意大利的经验,在国内引入了宪法问题优先移送制度,允许一般案件的当事人通过法院向宪法委员会转递宪法审查申请,宪法委员会对规范是否合宪的问题作出决定后,再由法院对案件进行裁决。

宪法监督工作中还有一项重要内容是对宪法的解释。在大多数国家对宪法监督机构职权的规定中,宪法解释要么直接内含于宪法审查工作,要么虽然提及,却仍然是宪法审查中的一部分——大多是对宪法咨询的回应,有些也是在事后审查过程中进行的必要解释。仅有少数国家在宪法监督机构的职权中规定了单独的宪法解释。笔者认为,可以将宪法解

---

① 参见田伟:《宪法和法律委员会规范合宪性审查的程序类型》,载《华东政法大学学报》2018 年第 4 期。

释区分为独立性的和附随性的,附随性的宪法解释附随于宪法审查的决定进行和作出,是宪法监督工作的必要组成部分。独立性宪法解释则是在遇到重大改革的时候,对宪法的规定或精神作出的专门解释。独立性宪法解释的目标是为重大改革提供宪法依据。

第四章　宪法监督的程序

一、宪法咨询的程序设计

（一）启动主体

不同国家对宪法咨询启动主体的规定不同。例如根据《德国联邦基本法》第 93 条第 1 款第 1 项的规定，能够要求联邦法院对基本法进行直接解释的，只有在联邦最高权力机关或由本基本法和某一联邦最高权力机关通过议事规则授予自有权利和其他关系人就其权利和义务范围发生争议时得以进行直接解释。《法国 1958 年宪法》第 16 条规定，"当共和国制度、国家独立、领土完整或国际条约义务的履行遭受严重即刻的威胁，致使宪法所规定的公权力正常运作受到阻碍时……总统得采取紧急措施……总统所采取的措施……应咨询宪法委员会"。第 37 条第 2 款规定，"凡以法律的形式介入行政立法事项，得以在咨询最高行政法院的意见后以命令进行修改。在本宪法生效实施后所制定的法律文件，经宪法委员会确认其内容具有……行政立法性质，始得以行政命令进行修改"。根据《阿拉伯联合酋长国宪法》第 99 条第 4 款的规定，能够要求最高法院对宪法条款进行解释的，只有联邦机构或酋长国政府。根据《巴基斯坦宪法》第 186 条的规定，能够要求最高法院对具有公共重要性的问题的合宪性提出意见的，只有巴基斯坦的总统。根据《不丹宪法》第 21 条第 8 款的规定,只有国王可以将在性质和公共重要性上需要解释的法律或事实问题提交给最高法院。《马来西亚宪法》第 130 条规定,马来西亚"最高元首可以将涉及本宪法任何条款之效力的任何问题,无论其已经发生或者认为有可能发生,提交联邦法院征询意见"。《孟加拉国宪法》第 106 条规定,"如果总统认为已经产生或可能产生对国家意义重大且有必要征询最高法院意见的法律问题,总统可将此问题提交上诉法庭考量"。《印度宪法》第 143 条第 1 款规定,"如果总统认为出现了或者即将出现对公众而言具有重要性的法律或事实问题,宜咨询最高法院意见的,得将该问题移送最高法院考量"。《斐济宪法》第 123 条规定,"总统可以为了公共利益,根据内阁建议,向最高法院提起本宪法引起的或将要引起的会产生影响的任何问题"。《挪威宪法》第 83 条规定,"议会可以要求最高法院就法律问题发表意见"。《哥斯达黎加宪法》第 167 条规定,"立法议会讨论与通过有关司法机关的组织与职权的法案必须向最高法院咨询"。《瑙鲁宪法》第 55 条第 1 项规定,"经内阁批准,总统或部长可就内阁在解释和实施本宪法任何条款方面已发生的或有可能发生的争议提交最高法院"。《南苏丹宪法》第 126 条第 2 款第 1 项规定,最高法院可以"应总统、南苏丹政府、任何州政府,或两院中任何一院的请求,解释宪法条文"。根据《卢旺达宪法》第 109 条第 1 款、第 111 条第 1 款的规定,共和国总统可以向最高法院咨询事关国家利益的问题、普通法律草案、组织法草案以及有关虽不违背宪法但影响国家机构运行的条约的批准的法律草案是否付诸全民公决,以及是否行使赦免权。《斯洛文尼亚宪法》第 160 条第 2 款规定,"在批准国际协议的过程中,根据国家总统、政府或者 1/3 以上国民议会议员的提议,宪法法院应对此类协议的合宪性出具意见"。根据《乌克兰宪法》第 151 条的规定,乌克兰总统或乌克兰内阁可以要求乌克兰宪法法院出具乌克兰现行国际条约或者那些提交给乌克兰最高拉达以便同意履行义务的国际条约是否符合乌克兰宪法的结论意见;乌克兰最高拉达可以要求乌克兰法院出具关于遵守调查和审议乌克兰总统弹劾案的宪法程序的结论意见。《俄罗斯联邦宪法》第 125 条第 5 款规定："俄罗斯联邦宪法法院可以根据俄罗斯联邦总统、联邦委员会、国家杜马、俄罗斯联邦政府、俄罗斯联邦主体立法权力机关的询问，对俄罗斯联邦宪法作出解释。"《哈萨克斯坦共和国宪法》第 72 条第 1 款第 4 项规定，"宪法委员会根据哈萨克斯坦共和国总统、参议院议长、议会下院议长、议会 1/5 的代表、总理的请求……（4）对本宪法的规范作出正式解释"。可以发现，各个国家能够提请宪法咨询的主体均是国家机关或国家机关领导人。

在我国，宪法咨询的启动主体可以包括国家主席、副主席、国务院总理、国家监察委员会主任、中央军委主席、最高人民法院院长、最高人民检察院检察长，以及省级人大常委会。笔者认为，没有必要赋予其他主体以提请宪法咨询的权利。一方面，这是世界各个国家的通例。另一方面，宪法咨询与宪法审查不同，在这个阶段一般还不会涉及对公民权利的侵害，因此没有必要赋予普通公民、企事业组织和其他机构以启动宪法咨询的权利。如果需要咨询的事项在事后对公民或组织的权利造成了侵犯，公民或其他组织可以通过事后审查的程序实现对权利的救济。此外还要考虑的是，如果赋予公民以宪法咨询的权利，那么宪法咨询的数量就会急剧增加。宪法咨询与宪法审查还有所不同，宪法审查所针对的对象是已经出台的规范或已经作出的行为，这个范围较为固定，审查建议提出的数量也会相对有所控制。但是宪法咨询针对的是尚未出台的规范或尚未作出的行为，咨询甚至能够仅仅针对含义不明的宪法条文进行，并不直接关涉某个即将要出台的规范或要作出的行为。这使得宪法咨询的内容有很大程度的不确定性和随意性，能够提出宪法咨询的范围和数量也会急剧上升。因此，为了避免全国人大及其常委会工作量的过度增加，与此同时并不会对公民权利产生太大的影响，可以将启动宪法咨询的主体限定在中央国家机关领导人和省级人大常委会范围内。

（二）启动事项

对于可以启动宪法咨询的事项，有的国家宪法并没有予以明确。例如前述马来西亚、孟加拉国、印度、斐济和挪威等。只需咨询的问题与宪法有关，有的国家还要求是对国家或公众而言具有重要影响，就可以提交给宪法监督机构咨询意见。斐济和瑙鲁则将范围更加放宽，只要与宪法有关、是宪法可能会引起或将要引起的任何问题，抑或是解释和实施宪法条款的任何方面你的问题都可以提交宪法监督机关咨询。《斐济宪法》第123条规定，"总统可以为了公共利益，根据内阁建议，向最高法院提起本宪法引起的或将要引起的会产生影响的任何问题"。《瑙鲁宪法》第55条第1项规定，"经内阁批准，总统或部长可就内阁在解释和实施本宪法任何条款方面已发生的或有可能发生的争议提交最高法院"。

也有国家限定了可以咨询的事项，例如哥斯达黎加最高法院就仅就立法议会讨论与通过的有关司法机关的组织与职权的法案提供咨询意见。德国联邦宪法法院也仅能就在联邦最高权力机关或由本基本法和某一联邦最高权力机关通过议事规则授予自有权利，和其他关系人就其权利和义务范围发生争议时提供对基本法的直接解释。卢旺达的最高法院只能就总统提出的关于国家利益的问题、普通法律草案、组织法草案以及有关虽不违背宪法但影响国家机构运行的条约的批准的法律草案是否付诸全民公决，以及是否行使赦免权的问题提供咨询。斯洛文尼亚的宪法法院仅可以就国家总统、政府或者1/3以上国民议会议员提出的关于该国签订的国际协议是否合宪的问题给予意见。乌克兰宪法法院仅可以根据乌克兰总统或内阁的要求，就现行国际条约或提交给乌克兰最高拉达以便同意履行义务的国际条约是否符合乌克兰宪法给出意见，以及根据乌克兰最高拉达的要求，就相关机构在调查和审议乌克兰总统时是否遵循了调查程序的问题给出意见。

在能够启动宪法咨询程序的事项中，有的国家还规定了必须咨询的事项。例如《哈萨克斯坦共和国宪法》第72条第1款规定,"宪法委员会根据哈萨克斯坦共和国总统、参议院议长、议会下院议长、议会1/5的代表、总理的请求……(5)在本宪法第47条第1款和第2款规定的情况下,出具结论意见"。第47条第1款规定,"在因病长期不能履行总统职责的情况下,哈萨克斯坦共和国总统可以被提前解除职务……提前解除总统职务的决议,应当在具备……宪法委员会关于遵守宪法规定程序的结论意见的前提下……通过"。第2款规定,"共和国总统应当对履行总统职责时实施的行为承担责任……对共和国总统的调查,应当由参议院予以组织……关于该问题的最终决议,可以在……宪法委员会关于遵守宪法规定程序的结论意见的前提下……通过"。这意味着哈萨克斯坦在解除总统职务或就总统的调查作出最终决议时,相关机构必须咨询宪法委员会关于程序是否合宪的意见。根据《法国1958年宪法》第16条的规定,如果法国总统在面对共和国制度、国家独立、领土完整或国际条约义务的履行遭受严重即刻的威胁,致使宪法所规定的公权力正常运作受到阻碍时,需要采取紧急措施,那么也必须事先咨询宪法委员会。根据第37条第2款的规定,如果法国立法机关想以立法的形式介入行政立法事项,那么应当在咨询最高行政法院的意见之后以命令的形式进行修改;如果是行政机关想要修改立法机关在1958年之后制定出台的法律的话,那么只有在咨询宪法委员会、经由宪法委员会确认其内容具有行政立法性质的前提下,才能够以行政命令的形式进行修改。

在我国,相关机构向全国人大常委会提出宪法咨询请求的情况在实践中也是存在的。不过,笔者认为,如果能够将宪法咨询从法律询问中独立出来,并通过正式的法律或其他规范性文件明确其程序,那么可能会更有助于鼓励相关国家机关在遇到宪法问题或质疑的时候诉诸这一途径,寻求专业的宪法监督机关——全国人大及其常委会——的帮助。例如除全国和省级人大常委会之外,国家主席和副主席、国务院总理、中央军委主席、国家监察委员会主任、最高人民法院院长、最高人民检察院检察长，也可以就本机构或本人行使宪法规定的职权问题咨询全国人大和全国人大常委会的意见。在国务院副总理、国务委员、各部委及其部长、中央军委副主席和委员、国家监察委员会副主任和委员、最高人民法院副院长、审判员、审判委员会委员和军事法院院长，最高人民检察院副检察长、检察员、检察委员会委员和军事检察院检察长以及省、自治区、直辖市的人民检察院检察长在行使职务时，如遇到需要解释的宪法问题，可以通过该国家机构的正职领导提起宪法咨询。不仅如此，宪法咨询也与法律询问答复不同。根据《立法法》的规定，法律询问答复的确如刘松山教授所说，是不太正式的内部程序，可以由常委会内部机构，即法工委，直接以自己的名义对相关国家机构的询问作出答复。但是，作为宪法监督制度一部分的宪法咨询，根据本书第二章的考察，应当以全国人大或全国人大常委会的名义作出，具体负责的机构应当是宪法和法律委员会。法工委能参与这项工作，名义上是辅助机构。有鉴于此，本书对刘松山教授的观点有所保留，仍然主张对宪法咨询的程序予以规范化。

那么我国应当将能够提请宪法咨询的事项限制在一个固定的范围内吗？笔者认为，在我国现阶段，正式的宪法咨询实践并不多，相关经验尚且不足。很难判断哪些情况在实践中需要进行事前的宪法咨询，或者哪些情况经过事前的宪法咨询之后更有利于决定的作出。因此可以先进行笼统性的一般规定。不过，一般化的规定中间存在一个问题，即各国家机构能否将在制定抽象性规范过程中的合宪性疑虑请求咨询。例如国务院在制定行政法规、中央军委在制定军事法规、国家监察委员会在制定监察法规、最高人民法院和最高人民检察院在制定司法解释、地方人大常委会在制定地方性法规之前，能否就其中的宪法问题先行进行宪法咨询？如此这些机构就能够从全国人大常委会这里获得一个事先的"合宪性肯定"，再行开展相关工作，避免事后被宣布不符合宪法。从宪法监督机构的性质来看,这种咨询并没有禁止的充足理由。我国的合宪性审查机构并非司法性质的,也并不强调国家机构之间的权力分离,提前的咨询并不会使全国人大及其常委会僭越其他机构的职权,反而能够促进宪法之下法制体系的统一。而且如刘松山教授所指出的,我国已经有了相关实践。但是从现实角度来看,如果在事前咨询过程中,全国人大常委会已经给出了合宪性肯定,可是在事后的实践中该规范却出现了违宪的嫌疑,那么全国人大常委会应当何去何从呢? 在笔者看来,这种两难境地出现的可能性并不大。在事前咨询中被认定符合宪法却在事后实践中出现不符合宪法的情况,更多地可能出现在情势变化或解释失当情形中,在已经经过事前咨询的规范中出现直接与宪法相抵触的规定的可能性并不大。如果是因为立法旨在调整的情况经过时间的变化已经发生变化,那么这并非属于咨询意见有误。在这种情况下,全国人大常委会可以以立法已经不适应社会变化为由,对已经实施的规范作出应予修订或重制的建议。如果对相关规范的解释既有合宪的方向,也有不合宪的方向,那么在这种情况下,法院和行政机关有责任通过合宪性解释的方式促进该规范以符合宪法的方式予以实施。如果法院或行政机关的确作出了不符合宪法的解释或者违宪解释难以排除,那么全国人大常委会可以在事后审查决定中作出权威的合宪解释,或者建议制定机关对相关条文进行调整,以排除违宪解释的可能。

对于行政立法,法国之所以对其设置了强制性的事前宪法咨询程序,是因为《法国 1946 年宪法》赋予立法机关权力过大、行政机关权力过小导致的行政机关处处受到立法机关掣肘。为了确保行政机关在立法过程中能够就行政事务作出自己的决定、在立法机关和行政机关的职权分配上有公正的裁决,法国宪法才作出了这样的规定。

对于我国来说,现阶段最重要的可能是涉及紧急状态中权力行使的情况。在紧急状态中采取的措施一般对公民权利的限制和约束较大,往往往会超过在一般情况下对基本权利限制的界限，随着突发事件等级的提升和紧急状态情况的不同，这种限制有时可能会变成剥夺。这也是为何世界各国都对紧急措施的采取规定了较为严格的监督程序。涉及紧急状态，在我国有两类主体行使相关权力。一类是决定某些地区进入紧急状态的主体，另一类是制定相关措施、应对紧急状态的主体。根据《宪法》第67条第21项的规定，决定全国或者个别省、自治区、直辖市进入紧急状态的权力在于全国人大常委会。那么全国人大常委会在行使这一权力的时候，是否应当咨询全国人大呢？从民主的正当性来看，似乎可以设置这一前置程序。但是，从现实来看，是否需要设置这一前置性程序要求有待进一步讨论。假设全国或个别、省、直辖市需要进入紧急状态，那么必定是出现了较大范围的紧急状态，在这种情况下，全国人大不太可能召开会议，因此全国人大常委会在行使权力时，没有咨询全国人大的可能。抑或即便全国人大正在召开会议，要求其在会议召开的极短时间内作出关于是否进入紧急状态的决定似乎不太合理。因此，对于全国和省级行政区划进入紧急状态，可以由全国人大常委会自行作出决定。根据《宪法》第89条第16项的规定，决定省、自治区、直辖市的范围内部分地区进入紧急状态的权力在于国务院。那么国务院在行使此项权力的时候，是否仅仅根据此条的规定"依照法律规定"进行就可以了，还是也应当咨询全国人大或全国人大常委会的意见呢？笔者认为，对于国务院宣布紧急状态权力的行使，可以要求其应当先咨询全国人大常委会的意见，以此获得一定的民主正当性。不过，考虑到紧急状态的宣布可能需要及时作出，全国人大常委会在正常时期一般2个月才开一次会，不能要求国务院在紧急情况下等待2个月才作出决定。因此，可以作出例外规定，例如在特别紧急的情况下，可无须事先咨询全国人大常委会就作出决定，但在事后应当报全国人大常委会备案并接受监督；如果全国人大常委会认为进入紧急状态的决定不恰当，或者已经不再具备需要维持紧急状态的情势时，应当告知国务院作出相关地区退出紧急状态的决定。

根据《突发事件应对法》的规定,在涉及突发事件的时候,在紧急状态中制定相关措施、应对紧急状态的权力主体是县级以上人民政府。我国暂时尚无直接以"紧急状态法"为名的立法,《突发事件应对法》中部分突发事件可能引发紧急状态,可以看作是对部分紧急状态情况的规定。该法第3条规定:"本法所称突发事件,是指突然发生,造成或者可能造成严重社会危害,需要采取应急处置措施予以应对的自然灾害、事故灾难、公共卫生事件和社会安全事件。按照社会危害程度、影响范围等因素,自然灾害、事故灾难、公共卫生事件分为特别重大、重大、较大和一般四级。"突发事件未必一定会导致国家进入紧急状态,但是特别重大和重大突发事件可能会使得国家需要宣布进入紧急状态。《突发事件应对法》第7条规定:"县级人民政府对本行政区域内突发事件的应对工作负责;涉及两个以上行政区域的,由有关行政区域共同的上一级人民政府负责,或者由各有关行政区域的上一级人民政府共同负责。突发事件发生后,发生地县级人民政府应当立即采取措施控制事态发展,组织开展应急救援和处置工作,并立即向上一级人民政府报告,必要时可以越级上报。突发事件发生地县级人民政府不能消除或者不能有效控制突发事件引起的严重社会危害的,应当及时向上级人民政府报告。上级人民政府应当及时采取措施,统一领导应急处置工作。法律、行政法规规定由国务院有关部门对突发事件的应对工作负责的,从其规定;地方人民政府应当积极配合并提供必要的支持。"第8条规定:"国务院在总理领导下研究、决定和部署特别重大突发事件的应对工作;根据实际需要,设立国家突发事件应急指挥机构,负责突发事件应对工作;必要时,国务院可以派出工作组指导有关工作。县级以上地方各级人民政府设立由本级人民政府主要负责人、相关部门负责人、驻当地中国人民解放军和中国人民武装警察部队有关负责人组成的突发事件应急指挥机构,统一领导、协调本级人民政府各有关部门和下级人民政府开展突发事件应对工作;根据实际需要,设立相关类别突发事件应急指挥机构,组织、协调、指挥突发事件应对工作。上级人民政府主管部门应当在各自职责范围内,指导、协助下级人民政府及其相应部门做好有关突发事件的应对工作。"第9条规定:"国务院和县级以上地方各级人民政府是突发事件应对工作的行政领导机关,其办事机构及具体职责由国务院规定。"因此,如果突发事件引起需要宣布进入紧急状态的情况发生在县级行政区划内部,县级政府需要采取措施予以应对。如果跨县级,就由它们的共同上级,即市级或省级政府采取措施予以应对。无论哪个行政区划内部发生突发事件导致需要进入紧急状态,国务院都需要"研究、决定和部署"应对工作。可见,对于由突发事件引起的紧急状态,具体措施是由行政机关进行部署和落实的。鉴于紧急措施对公民权利的限制甚至剥夺的可能,未来法律可以规定,国务院在决定采取何种紧急措施之前,应当向全国人大常委会提请宪法咨询;在县级以上地方各级人民政府采取紧急措施之前,应当层报国务院,由国务院审核,并提请全国人大常委会进行合宪性咨询。同样考虑到采取紧急措施的急迫性,国务院和地方各级人民政府也可以先行采取措施,事后再报全国人大常委会备案并接受监督。如果全国人大常委会认为紧急措施不恰当的,或者已经不再具备需要维持紧急状态的情势时,应当告知国务院或地方人民政府调整或停止紧急措施的实施。除宣布省内部分地区进入紧急状态和采取紧急措施之外,其他涉及宪法规定的各国家机构的职权的事项不宜设置强制性的事前宪法咨询程序。

(三)启动程序

各国宪法和宪法监督机构组织法大多没有对宪法咨询如何启动作出明确规定。例如宪法咨询是否必须提交正式的书面咨询申请,是否由特定的机构进行接收,咨询申请书是否必须符合基本的格式要求,并包含某些特定内容等,并没有详细规定。相对于事前控制和事后审查来说,事前咨询的程序要求并不严格,方式也较为灵活。不过,对于我国来说,如果希望将宪法咨询作为某些国家机构行为作出之前的强制性程序,并为其他国家机构的其他事项提供宪法咨询的可能性,那么规定较为详细的启动程序恐怕更为可取。明确的程序能够促进相关主体诉诸程序的积极性,增加程序使用的频率。在我国,明确的程序还可避免事前的宪法咨询由于没有程序要求而逐渐变成事前就合宪性问题进行沟通、以避免事后审查的潜规则。

在启动程序中,可以区分强制性的事前咨询和非强制性的事前咨询。对于前者的程序规定可以较为严格,对后者的程序规定则可以较为灵活。例如前述建议设置强制性事前咨询程序的国务院紧急状态宣布和紧急措施采取,可以要求国务院在宣布省内个别地区进入紧急状态之前,提交一份关于该省内地区具体情况的书面报告,论证宣布紧急状态的必要性,介绍即将采取的紧急措施及其必要性和可行性,预计紧急状态的持续时间以及紧急状态的结束时间。如果在进入紧急状态之后需要变更紧急措施的,那么可以要求国务院提交关于该地区具体情况变化、原紧急措施无法适用或效果不佳、预计采取的新措施较原措施的优势等方面的报告,尤其是对于将要采取更加强硬的紧急措施的情况的,应当要求必须提交此类报告。但是如果随着紧急状态中情势的缓和,打算暂停某些措施,并逐步采取较为缓和的措施的,则可以口头咨询或事后汇报。不过同样,鉴于紧急状态的紧迫性,要求国务院按照前述规定严格报送材料在某些情况下并不合理。在紧迫的情况下,应当允许国务院通过有全程录像或录音的方式进行口头汇报。在尤其紧急的情况下,先行宣布紧急状态并采取紧急措施也是可行的,但是同样要在事后接受全国人大和常委会的监督。

对于未设置非强制性事前咨询程序的事项,一般也应要求作出书面形式。假如国务院或省级人大常委会在制定行政法规或地方性法规之前,就相关规范整体的合宪性问题提请咨询,那么应当提交涉及即将要出台的规范的整体情况、立法宗旨等。如果是就具体规定进行合宪性咨询,还应当提交该规定的官方文本,以及背后的立法考量。既然对相关规范整体或具体规定提出合宪性咨询,必然是对其合宪与否存在疑问。要求相关机构提交这些材料能够帮助宪法监督机关快速明确该规范涉及的宪法条文是哪些,可能会出现哪些与宪法不相符合的情况等。不过,为了避免各个国家机构将事前的宪法咨询视为事后回避宪法审查的挡箭牌,因而对于每一项与宪法有关的事项都提请审查会导致事前审查数量的暴增,应当要求提请审查的事项是确有宪法重要性,或是否合宪存在较大争议的事项。究竟是否具有宪法重要性或存在较大争议,也同样可以通过提交书面材料予以证明。如果缺失了此类材料,或者提交的事项明显没有宪法重要性或看不出有什么合宪性问题的,宪法监督机关可以选择不予受理。

涉及国家机构的职权和机构整体做出的行为的宪法咨询,可以以国家主席、国务院、中央军委、国家监察委员会、最高人民法院、最高人民检察院和省级人大常委会的名义提出。如果是以书面形式提出的宪法咨询,咨询申请上还应当有该机构领导的签署和机构的公章。如果是国家机构领导人就自身行使职权的问题提请宪法咨询,那么可以以该领导人自己的名义提出。对于副职领导人和下属部门的领导人提出的涉及自身行使职权问题的宪法咨询,可以通过该国家机构正职领导人的名义提出。此类申请上应当有该机构领导的签署。尽管宪法咨询是以机构或机构领导的名义提出,但是具体的对接部门可以是这些机构下属的办公厅。如此可以实现与事后备案审查工作部门的衔接。《法规、司法解释备案审查工作办法》第 10 条规定:"法规、司法解释的纸质文本由下列机关负责报送备案:(一)行政法规由国务院办公厅报送;(二)监察法规由国家监察委员会办公厅报送;(三)地方性法规、自治州和自治县制定的自治条例和单行条例由各省、自治区、直辖市人大常委会办公厅报送；（四）经济特区法规由制定法规的省、市人大常委会办公厅（室）报送；（五）司法解释分别由最高人民法院办公厅、最高人民检察院办公厅报送；最高人民法院、最高人民检察院共同制定的司法解释，由主要起草单位办公厅报送。"

负责宪法咨询登记的机构可以是全国人大常委会办公厅，同样与备案审查的机构衔接。《法规、司法解释备案审查工作办法》第5条规定："常委会办公厅负责报送备案的法规、司法解释的接收、登记、分送、存档等工作。"第13条规定："常委会办公厅应当自收到备案文件之日起十五日内进行形式审查，对符合法定范围和程序、备案文件齐全、符合格式标准和要求的，予以接收并通过全国人大常委会备案审查信息平台发送电子回执；对不符合法定范围和程序、备案文件不齐全或者不符合格式标准和要求的，以电子指令形式予以退回并说明理由。因备案文件不齐全或者不符合格式标准和要求被退回的，报送机关应当自收到电子指令之日起十日内按照要求重新报送备案。"第14条规定："常委会办公厅对接收备案的法规、司法解释进行登记、存档，并根据职责分工，分送有关专门委员会和法制工作委员会进行审查研究。"对于宪法咨询的申请，也可以由全国人大常委会办公厅进行接收和登记，对于符合程序、格式正确、基本资料齐全的，予以接受并发送回执。对于不符合程序、格式有误、基本资料不全的，予以退回并说明理由，要求咨询机关再次报送相关材料。

（四）咨询意见的出具与反馈

对于其他国家机构或领导提交的宪法咨询申请，宪法监督机关应当在合理期间内提出意见并进行反馈。笔者认为，在全国人大和全国人大常委会之间，以后者接受宪法咨询更为可取。从现实来看，全国人大会期短、任务重，难以对可能会随时出现的宪法咨询需求作出及时的回应。从《宪法》规定来看，《宪法》第67条第1款强调了全国人大常委会的宪法解释职权。因此，由全国人大常委会负责宪法咨询，并在这个过程中作出对宪法的解释更为妥帖。

至于合理的期间,《法国1958年宪法》对事前审查的期间规定和宪法委员会的实践做法可资借鉴。在法国,经由特定主体提出或递交的对未生效法律或对未获批准或认可的国际条约协定的合宪性审查,一般情况下,宪法委员会应在1个月内作出裁决。对于组织法、改革法和议会两院议事规则,宪法委员会一般会在15天期限内审查结束。因为法国宪法第10条第1款规定:"共和国总统应于法律最终通过并送交政府后15日内公布法律。"将审查期间限定在15日内,可以避免对法律公布实施的过分拖延。此外,如果情况紧急应政府的要求,或者所审查立法是处于立法过程中由政府或议长提出,二者对该立法究竟属于立法机关还是行政机关权属范围意见不一致的,此期限缩短为8日。①法国宪法第39条第4款规定:"如法律草案被首先提交的议院议长认为组织法的规定没有被遵守,则该法律草案不得被列入议事日程。如议长会议和政府之间存在分歧,则该议院议长或总理得向宪法委员会提请审查,宪法委员会应在8日内作出裁定。"第41条规定:"在立法过程中,如法律提案或修正案不属于立法范围或与宪法第38条规定的授权内容相抵触,则政府或相关议院议长得对此提出异议。如政府和相关议院议长意见不一致,则宪法委员会得依任何一方的要求在8日内作出裁决。"实际上,宪法委员会的审查一般在较短的时间内完成,一日之内受理申请并作出裁决的情况也曾经出现过。

对于我国来说,如果是国务院提交的关于紧急状态宣布以及紧急措施采取的宪法咨询,那么全国人大常委会应当在较短期限内作出回应,例如可以规定为10天。如果是特别紧急情况下提交的咨询申请,可以缩短为几日,例如3日。如果是其他机构或领导提交的关于职权行使或规范

---

① 《法国1958年宪法》第41条、第61条第3款。

的合宪性咨询,可以规定较长的时间,例如15日。

在作出宪法咨询意见之后,全国人大常委会应当向提请咨询的机构或领导进行反馈。对于宪法咨询意见的反馈,孟加拉国和印度的规定均是对于总统的咨询,宪法监督机构应当向总统反馈。《孟加拉国宪法》第106条规定:"上诉法庭经认真考量后,得向总统汇报其对此问题的意见。"《印度宪法》第143条第1款规定:"在举行其认为必要的聆讯之后,最高法院得将其意见呈交总统。"

宪法咨询意见除了向提请咨询的机构或领导进行反馈之外,是否应当予以公开呢? 有的国家规定了应予公开。例如《马来西亚宪法》第130条规定:"联邦法院对所提交问题应当在法庭公开宣告其意见"。根据《斐济宪法》第123条的规定,最高法院须对总统提起的、本宪法引起的或将要引起的会产生影响的问题公开发表意见。根据《瑙鲁宪法》第55条第1项的规定,最高法院应当在公开法庭上宣布对总统或部长可就内阁在解释和实施本宪法任何条款方面已发生的或有可能发生的争议的意见。大多数国家则并没有就是否公开的问题进行规定。笔者认为,宪法咨询意见可以公开。因为一方面,意见公开可以避免其他国家机构或领导人就同一问题再次提请全国人大常委会进行咨询,减轻常委会的工作量。另一方面,也可以让公民了解国家机构制定规范和规范行为的方向。在规范出台、行为做出之前就提前知晓,促进民众的事前参与。

(五) 咨询意见的效力

对于宪法咨询意见的效力,有的国家进行了明确的规定。例如哥斯达黎加、瑙鲁、斯洛文尼亚和乌克兰等国的宪法,明确赋予了咨询意见以拘束效力。《哥斯达黎加宪法》第167条规定:"立法议会讨论与通过有关司法机关的组织与职权的法案必须向最高法院咨询。立法议会否决最高法院的意见必须经全体议员2/3以上投票通过。"因此,虽然哥斯达黎加最高法院作出的是事前的咨询意见,这一意见同样具有效力,只有议会以绝对多数才能够推翻。《瑙鲁宪法》第 55 条第 1 项和第 3 项规定："(一)经内阁批准,总统或部长可就内阁在解释和实施本宪法任何条款方面已发生的或有可能发生的争议提交最高法院。最高法院应当在公开法庭上宣布对该项争议的意见,并且此意见应当是有约束力和决定性的,不得上诉……(三)在根据本条作出的意见中,最高法院可以作出必要和适当的命令和声明。"对于瑙鲁来说,其最高法院对内阁宪法争议的意见同样具有效力。《斯洛文尼亚宪法》第 160 条第 2 款规定,"在批准国际协议的过程中,根据国家总统、政府或者 1/3 以上国民议会议员的提议,宪法法院应对此类协议的合宪性出具意见。国民议会受到宪法法院意见的拘束。"《乌克兰宪法》第 150 条第 2 款规定,乌克兰宪法法院的职权范围包括"对乌克兰宪法和乌克兰法律作出正式解释。乌克兰宪法法院可以就本条规定的问题通过决议。乌克兰宪法法院的决议,在乌克兰境内必须执行。乌克兰宪法法院的决议是终局裁决,不得上诉"。但是对于法国,《法国 1958 年宪法》并没有明确规定总统在行使紧急权力之前,向宪法委员会咨询获得的意见是否具有拘束力。只不过在惯例上,总统一般都会根据宪法委员会的意见进行行为。

对于我国全国人大常委会出具的宪法咨询意见的效力,在刘松山教授看来,其中向地方人大和常委会提供的法律询问答复仅仅是一个答复而已,不具有完整意义上的法律效力。①虽然笔者并不赞同刘松山教授将宪法咨询纳入内部工作交流式的法律询问答复范畴中,但是对于咨询意见的效力,笔者与刘松山教授持一致看法。宪法咨询意见只是咨询和答复的结果,不宜规定强制性的法律拘束力。一方面,如果事前的咨询意见有强制拘束力,提出咨询的机构必须遵从,那么各个国家机构对宪法作出自己的判断,并在规范出台和行为选择上的主动性就会被大幅度压缩。

---

① 参见刘松山:"地方人大备案审查的范围和标准",在第三届"之江立法论坛"暨"合宪性视野下的备案审查"研讨会上的发言。

这不利于我国国家机构之间的分工负责。另一方面,如果事前咨询的意见具有强制拘束力,那么难免导致事后审查的难以进行。在出台规范和作出行为之前,相关国家机构已经遵循了全国人大常委会的意见,事后似乎就不再有审查的必要了。

在不具有法律强制拘束力的咨询意见中,有一项意见较为特殊,即根据国务院的请求作出的关于进入紧急状态和采取紧急措施的意见。相对于其他意见来说,此类意见对公民基本权利的影响更为重大和直接。之所以对此类事项设置强制性的事前咨询程序,也是考虑到此。如果咨询意见没有拘束力,那么强制性的事前咨询程序就无法起到应有的效果。因此本书建议,对此类特殊的意见规定与其他咨询意见不同的效力,即具有法律拘束力。不过,对此类事项咨询意见效力的规定也不宜太过严苛。

二、事前控制的程序设计

(一)启动主体和启动事项

对于事前审查的启动主体,不同国家有不同的规定。法国是对法律进行事前的审查的典型国家。根据《法国 1958 年宪法》和《宪法委员会组织法》的规定,对已经过议会投票但未生效法律提请合宪性审查,可以由总统、总理、国民议会议长、参议院议长,或由 60 名国民议会议员或 60 名参议员提交宪法委员会。①其中,组织法公布前,涉及公权力组织、国家经济、社会或环境政策与促进公共服务的改革或授权批准国际条约等可能影响现行制度运行的法律草案在提交公民投票前,以及议会两院议事规程在实施前,必须提交宪法委员会接受审查。②这意味着只要组织法、改革法律和议会两院议事规则经由法定程序通过,宪法委员会就必须对其进行审查,无须经过相关主体的提请;因而在这种情况中,审查的启动主

---

① 《法国 1958 年宪法》第 61 条。
② 《法国 1958 年宪法》第 11 条第 1 款、第 61 条第 1 款。

体是宪法委员会自己。只不过一般情况下，相关主体会主动将规范提交给宪法委员会，组织法由共和国总理提交宪法委员会审查，议会两院议事规则由各自的议长提交审查。①除此之外的其他法律，在已经过议会投票但未公布实施之前，可以由前述六种主体中的任一种提出。只有经过提请，宪法委员会才对相关法律进行审查。因此对于其他法律来说，这六种主体就是宪法解释与审查的启动主体。1958年的法国宪法开始只规定由总统、总理、国民议会议长和参议院议长能够提出对其他法律的合宪性审查要求，但1974年宪法修改后，增加了60名国民议会议员或60名参议员联署。有权提出违宪审查的主体从原来的4个增加到了6个。在法国历史上，总统几乎没有就法律的合宪性问题提交至宪法委员会进行审查，1974年以前提请的主体主要是两院议长，在此之后主要是议员联名提请。例外的一次典型情况是2020年5月9日，法国总统和参议院议长将关于延长卫生紧急状态并完善关于应对新冠肺炎卫生紧急状态的2020-290号法律的第2020-546号法律提请宪法委员会审查；当然，随后也有60名国民议院和60名参议院联名将该法律提请审查。②对于尚未批准或认可的国际条约或协定，由总统、总理、两院议长或两院各60名议员提交宪法委员会进行审查。对国际条约或协定审查程序的启动主体因而与对其他法律进行审查的启动主体相同。起初，1958年宪法也仅仅规定了4个主体，即总统、总理、两院议长。1992年的宪法修正案扩充为6个。

　　法国的事前审查是由议会之外的机构，即宪法委员会进行，与其情况类似的还有匈牙利、安哥拉等国。根据《匈牙利宪法》第24条第2款第1项的规定，匈牙利宪法法院应当对已经通过但尚未公布的法律是否合

---

① 《法国宪法委员会组织法》第17条第1款。
② 参见王建学：《法国抗击新冠疫情法律部分违宪案》，载中国宪治网，来源网址：http://www.calaw.cn/article/default.asp?id=13714，最后访问日期：2020年6月4日。

宪的问题进行审查。《安哥拉共和国宪法》第 228 条第 1 款和第 2 款规定："1.共和国总统可以要求宪法法院对已提交给其颁布的任何法案、国际条约，或任何需要签署的国际协议的合宪性进行事先审查。2.1/10 的完全履行职责的国会议员也可要求对已提交颁布的法案进行事先审查。"《阿拉伯叙利亚共和国宪法》第 147 条第 1 款第 1 项规定："最高宪法法院根据下列各项监督法律的合宪性：(1)根据下列各项审议法律的合宪性并作出裁决：(a)如果在法律颁布前，共和国总统或 5 位人民议会议员反对该法律的合宪，则停止颁布该法律，直到法院在记录上述反对意见后 15 日内对其作出裁决；在紧急情况下，法院则应在 7 日内作出裁决。"此外还有类似规定的还有捷克（宪法第 87 条第 2 款）、葡萄牙（宪法第 278、281 条）、塞尔维亚（宪法第 169 条）、柬埔寨（宪法第 140 条第 1 款和第 2 款）等。

有一些国家甚至只授权宪法监督机构对法律进行事前审查，不允许其进行事后审查。法国在 2008 年宪法修改之前就是如此，此外还有毛里塔尼亚。《毛里塔尼亚伊斯兰共和国宪法》第 86 条第 1 款和第 2 款规定："各组织法在公布之前，以及国会两院议事规程在实施之前，必须提请宪法委员会对其合宪性进行审查。基于同样的目的，法律在公布之前，得由总统、国民议会议长、参议院议长、1/3 的国民议会议员或 1/3 的参议院议员向宪法委员会提请审查。"毛里塔尼亚宪法的本条规定就类似于法国在宪法修改之前的规定。除该条之外，毛里塔尼亚宪法中没有其他条文再就宪法委员会的职权进行规定。由此可以推断，毛里塔尼亚的宪法委员会只能够对法律和相关规则进行事前审查。

（二）启动程序

在法国，对于组织法、改革法和议会两院议事规则，在其公布实施或提交公民投票之前，一旦经过相关立法程序获得通过，就必须提交宪法委员会进行审查。对于启动宪法审查的形式要件《法国 1958 年宪法》和《宪法委员会组织法》都没有进行规定，将载有相关内容的信函提交至宪法委员会主席是多年实践形成的宪法惯例。①对于总统、总理、国民议会议长、参议院议长、60名国民议会议员或60名参议员提请的关于其他尚未公布实施的法律，或尚未批准认可的国际条约协定的审查要求，这些主体首先将相关规范或条约文本，以及相关证据递送至宪法委员会，从而提出正式审查申请。根据《法国1958年宪法》第10条的规定，共和国总统于法律最后通过并送交政府后15天内予以公布。因此，相关主体对普通法律审查的提请，需要在此期限内提出。《法国1958年宪法》和《宪法委员会组织法》并未就国际条约和协定的审查提请期限进行规定，在1992年宪法委员会"关于欧洲联盟条约"的裁决中指出，只要条约或协定还未获批准或认可，审查要求都可以提出。②

英国的事前合宪性审查，则往往在议会讨论法案的二读程序之后。根据英国议会的议事程序，一个法案从提出到最后通过并颁布施行，需要经过上下议院的讨论通过并获君主御准。上下议院审议法案通常经过五个基本步骤：第一个步骤是一读，这是法案首次正式进入议会的立法程序；在这个阶段，议会并不会对法案条款进行讨论，而仅仅提出该法案以供议员参考。在一读阶段，议长还会指定二读的日期，从而进入第二个步骤。在二读阶段，法案的原则性规定会予以公布，由议员进行讨论以决定确认或否决。通过了二读的法案将自动进入第三个步骤，即提交相关委员会，由这些委员会对法案的各个条款进行仔细审查和讨论。这是立法的最关键阶段，往往一部法案究竟是通过、修改还是否决，会在这个阶段过程中决定。这个阶段中上议院和下议院的做法有所不同，下议院的委员会审议通常由委员会单独进行，而上议院的委员会审议阶段通常在全

---

① 参见钟国允：《论法国宪法委员会之组织及其合宪性审查程序》，载《宪政时代》，第28卷第1期。
② 宪法委员会92-312DC号裁决。

院大会上进行。此后的第四个步骤是委员会将其审议的法案和建议的修改报告议会，由议会全院进行审议，决定是否接受法案、委员会的修改，以及是否作出进一步的修改。通过报告阶段且没有进行修改的法案将进入最后一个步骤，即三读。此一阶段是法案议会讨论的最后一个阶段，由议院整体对法律进行详细审议和辩论，并最终决定是否通过。下议院通过的法案将被提交至上议院审议，上议院可以通过法案，也可以就法案进行修改并送回至下议院重新审议，但是无权否决法案。下议院如果接到重新审议的修正法案，则可以选择接受、进一步修改或拒绝修改，从而分别启动通过修正法案，将进一步修改的法案再次提交上议院审议，或就拒绝修改发表声明，再次开会通过并寻求御准的程序。获得上下议院一致通过的法律将被送至君主处获得御准，御准之后的法律将获得公布实施，正式生效。对法案合宪性问题的审查往往集中在委员会审议阶段进行。在该阶段对法案进行审查的委员会包括委任权力与规制改革委员会、宪法委员会、行政立法性文件委员会、欧盟特别委员会和人权联合委员会等。其中，上议院委任权力与规制改革委员会审查法律案的条款是否将立法权力不恰当地交由行政等机关行使，以及这种委托是否会对立法机关自身造成不恰当的限制。上议院宪法委员会审查公法议案的宪法含义，根据其他委员会和自身的审查，判断议案是否涉及对英国宪法规范和原则的修正和调整，从而确保此类活动全部由议会做出。行政立法性文件联合委员会审查根据议会立法授权制定的行政立法性文件，但是地方当局及其下属机构制定的行政立法性文件不在其审查范围内，除非被要求在议会中提出；如果立法性文件是在下议院提出的，那么只能由联合委员会下议院议员组成的行政立法性文件特别委员会进行审查。欧盟特别委员会负责对英国政府在欧盟部长委员会中提出或同意的议案进行审查，其中是否存在与英国宪法原则或立法权力不相符合之处；欧盟特别委员会包括上议院的欧盟委员会和下级委员会，以及下议院的欧洲审查委员会。

人权联合委员会是上下议院议员联合组成的委员会,负责审查法律案是否与《人权法》的要求相抵触。当议会所审议的法案涉及相关内容,这些委员会就会主动启动审查程序。

瑞典的事前合宪性审查,主要由议会的常设委员会宪法委员会进行。根据《瑞典议会法》和《政府组织法》的规定,宪法委员会有权自己提出或筹备由内阁、其他委员会、非常设委员会或议员个人向议会提出的议案或动议(个人提出称之为动议),其中涉及宪法和一般行政法和表达自由的立法问题、国家审计办公室的事务、议会以及除瑞典银行之外的一般议会下属机构的事务、县政府管理以及县行政区的划分、地方自治、议会对起诉议员或干涉议员人身自由措施的批准,以及政府行使治理职权所需要的拨款事务等方面的问题,属宪法委员会筹备范围内。①此外,对于议会有待最后通过的决议案,由宪法委员会提出,②这意味着在所有议案表决之前,宪法委员会的审查都是必须的,也是自动的。此外,如果议长认为将要提交表决的议案有合宪性问题,但议会仍然要求将其提付表决,那么议长有将涉嫌违宪的法案提交宪法委员会审议的权力。③

对于我国全国人大和全国人大常委会对法律进行的事前审查来说,也同样主要在委员会审查阶段,尤其是宪法和法律委员会的审查。《立法法》第19条和第20条规定,"列入全国人民代表大会会议议程的法律案,由有关的专门委员会进行审议,向主席团提出审议意见,并印发会议"。"列入全国人民代表大会会议议程的法律案,由法律委员会根据各代表团和有关的专门委员会的审议意见,对法律案进行统一审议,向主席团提出审议结果报告和法律草案修改稿,对重要的不同意见应当在审议结果报告中予以说明,经主席团会议审议通过后,印发会议。"2020年《〈全国人

---

① 《瑞典议会法》第4章第6条之一。
② 《瑞典议会法》第3章第14条。
③ 《瑞典议会法》第2章第9条。

大议事规则(修正草案)〉征求意见稿》第 26 条中增加规定:"法律草案修改稿经各代表团审议,由宪法和法律委员会根据各代表团的审议意见进行修改,提出法律草案表决稿,由主席团提请大会全体会议表决。"《立法法》第 29 条第 1—4 款规定,"列入常务委员会会议议程的法律案,一般应当经三次常务委员会会议审议后再交付表决。常务委员会会议第一次审议法律案,在全体会议上听取提案人的说明,由分组会议进行初步审议。常务委员会会议第二次审议法律案,在全体会议上听取法律委员会关于法律草案修改情况和主要问题的汇报,由分组会议进一步审议。常务委员会会议第三次审议法律案,在全体会议上听取法律委员会关于法律草案审议结果的报告,由分组会议对法律草案修改稿进行审议"。第 32 条第 1 款规定:"列入常务委员会会议议程的法律案,由有关的专门委员会进行审议,提出审议意见,印发常务委员会会议。"第 33 条第 1 款规定:"列入常务委员会会议议程的法律案,由法律委员会根据常务委员会组成人员、有关的专门委员会的审议意见和各方面提出的意见,对法律案进行统一审议,提出修改情况的汇报或者审议结果报告和法律草案修改稿,对重要的不同意见应当在汇报或者审议结果报告中予以说明。对有关的专门委员会的审议意见没有采纳的,应当向有关的专门委员会反馈。"在"法律委员会"更名为"宪法和法律委员会"之后,该委员会被赋予的职责是"推动宪法实施、开展宪法解释、推进合宪性审查、加强宪法监督、配合宪法宣传等"。从宪法和法律委员会对法律案的审议阶段和其被赋予的职责来看,应当是由该委员会对法律案的合宪性问题进行事前控制的。

宪法和法律委员会对法律案的事前审查也是必经程序,分别在对法律案的一读和二读之后自动进行。需要注意的是,对于《立法法》第 30 条规定的"列入常务委员会会议议程的法律案,各方面意见比较一致的,可以经两次常务委员会会议审议后交付表决;调整事项较为单一或者部分修改的法律案,各方面的意见比较一致的,也可以经一次常务委员会会议审议即交付表决"的情况,也应当予以强调,即便是经两次常委会会议审议后交付表决的法律案,也必须经过宪法和法律委员会的事前合宪性控制。

我国法律和相关规则并没有就事前审查究竟如何启动的问题作出细致规定,一般由实践中的习惯性做法提供指引。例如在法律案一读的时候,该法律案的文本就会被提交到宪法和法律委员会。一般情况下,提交首次审议的法律案或修改议案的时候,还会提交关于法律案或修正案的说明,其中有些会涉及提案的宪法问题。法律案文本加提案说明已经为事前审查的启动文件划定了基本的框架。不过从我国近些年的实践来看,提案说明大多比较简单,其中 1/3 的篇幅可能阐述的是立法或修法的原因,剩下 2/3 的篇幅涉及具体的提案内容。有些说明因篇幅和风格所限,基本上只有解释或证成。笔者认为,这一方面可能会不便于宪法和法律委员会在短时间内确定法律案涉及的宪法问题,并进行针对性的审查和调整;另一方面也不利于宪法和法律委员会掌握具体规定的立法宗旨与立法背景,很容易在简单的字面理解下判定某条规定与宪法相抵触。有鉴于此,无论是为了便于宪法和法律委员会的审查工作,还是利于全国人大和常委会的立法工作,或许更加详细地解释提案中涉及宪法问题的说明更为可取。

此外,是否有必要赋予一些特殊主体将合宪性存在疑问的法律案提交给宪法和法律委员会审查的权力呢? 本书认为,既然所有的法律案都要经由宪法和法律委员会的事前合宪性审查,那么是否有特殊主体提出并不会影响这个程序本身是否进行。如果特殊主体对法律案的合宪性问题有特殊的考虑和疑问,那么可以允许其在提案说明之中予以列明,或者提出书面疑问,供宪法和法律委员会参考或斟酌。

(三)审查程序

在英国,在议案二读之后,相关委员会便开始审查工作,由委员会成员对法案涉及该委员会审查职权方面表达意见、进行辩论。在审查过程中，为了更加全面深入地了解法案的相关情况，委员会经常会启动咨询程序，收集专家、民众和利益团体的意见。这些意见的表达是公众直接参与立法过程的重要途径之一。自此之后，委员会将根据议员们的意见和咨询的结果，提出法案可能涉及违背立法授权、宪法秩序或《人权法案》等问题，并将这些问题提交负责法案的政府部门。在收到这些问题之后，部门负责人将在一定期限内——往往很快，但有时也会有所拖延——向委员会作出解释或说明，并提供该法案不存在相关问题的理由。这一程序使得议会委员会能够和法案提出部门进行有效沟通，避免因理解或专业性问题导致对法案的否决，从而提升法案提出部门以及议会自身的权威。在人权联合委员会设立及《人权法案》实施之后，负责法案的部门长官被要求在法案二读之前就必须作出一个法案各条款不与公约权利相抵触的书面"相容声明"，或即便不能作出此种声明但仍希望议会继续审议该法案的声明，①此类声明在很大程度上承担了政府部门应委员会之要求对相关问题作出解释和说明的工作。但是两种程序并不冲突，因为二读之前的声明仅仅涉及法案与《人权法案》是否冲突之问题，属于人权联合委员会审查职权，对其他委员会审查范围内的事项并没有进行说明，其他委员会仍有可能发现法案存在其他问题，并据此要求政府部门提供解释说明，此为其一；其二，即便是涉及《人权法案》的事项，政府部长的声明也可能未尽所有存疑之处，人权联合委员会仍可就尚未说明之事项要求解释。在听取相关部门的解释或说明后，委员会将对法案进行进一步的审查和讨论，最终形成报告并提交给议院。议会审议的某个议案可能涉及众多委员会的审查范围，在这种情况下，各个委员会主席和工作人员将加强彼此之间的联系和交流，尽量做到各个委员会在自身的职权内对法案的相

---

① 英国《人权法案》第 19 条。

关部分或相关问题进行审查,一方面促使交叉部分由一个委员会主要审查,并将结果通知其他委员会供其参考使用,避免工作的重复无效率;另一方面避免审查的遗漏,使委员会的审查能够遍及法案的各个方面。例如在 2001 年,下议院内政委员会、上议院委任权力与规制改革委员会和上议院宪法委员会就都提出了关于《反恐、安全与犯罪法案》的报告,但审查角度依据各个委员会的职权而不同。其中下议院内政委员会就法案的一般政策、移民和治安方面作出报告,上议院委任权力与规制改革委员会就法案提议赋予部长制定委任立法的权力作出报告,上议院宪法委员会就法案的宪法含义作出报告。

在瑞典,宪法委员会是瑞典议会常设委员会之一,人数由不少于15 人的议员组成,其议员总数必须为奇数。瑞典常设委员会有 15 个,议会在其任期内还可以设立其他临时委员会。根据《瑞典议会法》第 4 章第7 条的规定,除预算案之外,所有其他议案或事务一般情况下均由一个委员会进行筹备或审议,只有特殊情况之时方由两个或两个以上委员会分工进行。这意味着如果经由特定主体提交给宪法委员会的事项,将由宪法委员会集中进行审理。当然,如果宪法委员会在审理之前或审理之中发现其审议事项需要其他委员会的专业意见的,其可以向其征求意见;如果有 5 名以上委员会成员提出征求意见要求的,则宪法委员会必须向其他委员会征求意见,除非征求意见将导致对审议问题的延误因而带来严重后果,那么宪法委员会可以拒绝此类要求并在报告中说明情况;遇到比较复杂的问题时,宪法委员会也可以与其他委员会组成联合委员会,以共同筹备或审议某项事务。①宪法委员会可以要求内阁提供与审议事项相关的资料、证据并阐明意见;如果有 5 名以上委员要求时,则委员会必须要求内阁提供;如果委员会要求提供的证据涉及欧盟事务,则其可以直接

---

① 《瑞典议会法》第 4 章第 8 条。

向内阁内部机构要求提供。①如果法案涉及公民的政治权利、人身自由或税收事宜,则宪法委员会必须征询法律参议会的意见。②委员会的会议由委员会主席召集,如果有超过 5 名委员要求召集会议的,则委员会主席必须召集。③委员会会议一般秘密举行,如果为了搜集信息的需要,可以将会议部分或全体公开;对于公开的会议,允许旁听或录音录像,除非委员会决定拒绝如此。④尽管会议本身通常秘密举行,但是表决是公开的,以少数服从多数的规则决定审议结果;如果赞成票与反对票相等,那么主席所支持的意见获得通过。⑤在委员会向议会提交报告之后,议会投票议员的 1/3 以上可以一致同意将委员会提出的报告退回复议,同一事项此种退回程序只能进行一次;议会也可以将某一事项交给另一委员会进行进一步审议,如果退回和移送请求同时出现,那么应当先考虑退回的请求,如果退回被准许,则移送请求即为无效。⑥如果一个议案在两次就主要问题进行投票时都出现了赞成票和反对票相等的情况,则议长应向议会提起退回委员会复议的动议,当该动议有超过半数的议员支持时,该议案必须退回。⑦

在我国,对于全国人大审议的法律案,《立法法》并没有规定专门委员会审议时的具体程序,仅规定了代表团审议的大致程序。第 21 条规定:"列入全国人民代表大会会议议程的法律案,必要时,主席团常务主席可以召开各代表团团长会议,就法律案中的重大问题听取各代表团的审议意见,进行讨论,并将讨论的情况和意见向主席团报告。主席团常务主席

---

① 《瑞典议会法》第 4 章第 11 条。
② 《瑞典政府组织法》第 2 章第 21 条。
③ 《瑞典议会法》第 4 章第 12 条之一。
④ 《瑞典议会法》第 4 章第 13 条之一、之二。
⑤ 《瑞典议会法》第 4 章第 15 条第 1 款。
⑥ 《瑞典议会法》第 4 章第 10 条。
⑦ 《瑞典议会法》第 5 章第 7 条。

也可以就法律案中的重大的专门性问题,召集代表团推选的有关代表进行讨论,并将讨论的情况和意见向主席团报告。"《全国人大议事规则》也只有第26条规定:"专门委员会审议议案和有关报告,涉及专门性问题的时候,可以邀请有关方面的代表和专家列席会议,发表意见。"对于全国人大常委会审议的法律案,《立法法》则较为详细地规定了专门委员会的审议程序。第32条第2款规定:"有关的专门委员会审议法律案时,可以邀请其他专门委员会的成员列席会议,发表意见。"第33条第2款规定:"法律委员会审议法律案时,应当邀请有关的专门委员会的成员列席会议,发表意见。"第34条规定:"专门委员会审议法律案时,应当召开全体会议审议,根据需要,可以要求有关机关、组织派有关负责人说明情况。"第36条规定:"列入常务委员会会议议程的法律案,法律委员会、有关的专门委员会和常务委员会工作机构应当听取各方面的意见。听取意见可以采取座谈会、论证会、听证会等多种形式。法律案有关问题专业性较强,需要进行可行性评价的,应当召开论证会,听取有关专家、部门和全国人民代表大会代表等方面的意见。论证情况应当向常务委员会报告。法律案有关问题存在重大意见分歧或者涉及利益关系重大调整,需要进行听证的,应当召开听证会,听取有关基层和群体代表、部门、人民团体、专家、全国人民代表大会代表和社会有关方面的意见。听证情况应当向常务委员会报告。常务委员会工作机构应当将法律草案发送相关领域的全国人民代表大会代表、地方人民代表大会常务委员会以及有关部门、组织和专家征求意见。"第37条规定:"列入常务委员会会议议程的法律案,应当在常务委员会会议后将法律草案及其起草、修改的说明等向社会公布,征求意见,但是经委员长会议决定不公布的除外。向社会公布征求意见的时间一般不少于三十日。征求意见的情况应当向社会通报。"第38条规定:"列入常务委员会会议议程的法律案,常务委员会工作机构应当收集整理分组审议的意见和各方面提出的意见以及其他有关资料,分送法律委员会和有关的专门委员会,并根据需要,印发常务委员会会议。"从这些规定中可以发现,宪法和法律委员会在对法律案进行事前的合宪性控制时,能够采取的措施包括要求有关机关、组织的相关负责人说明情况,采取座谈会、论证会、听证会等形式听取各方面的意见,召开由有关专家、部门和全国人大代表参加的可行性论证会,召开由有关基层和群体代表、部门、人民团体、专家、全国人大代表和社会有关方面参加的听证会。法工委负责将法律草案发送相关领域的全国人大代表、地方人大常委会以及有关部门、组织和专家征求意见,并将意见反馈给宪法和法律委员会。全国人大常委会负责将法律草案及其起草、修改的说明等向社会公布,征求意见。

一般认为,为全国人大常委会审议法律规定的相关程序,全国人大也可以借鉴。那么对于专门委员会在审议应当由全国人大常委会审议通过的法律案时能够采取的措施,其在审议应当由全国人大审议通过的法律案时也可以采取。只不过在现实中,全国人大会期短,在几日之内不仅需要审议通过重要的基本法律,还需要听取其他国家机构的报告并作出相关决议决定。要求专门委员会在这么短的时间内完成对基本法律的全面审议并不太可能。而且,无论是在《立法法》的规定上还是实践中,我国已经形成了"向全国人民代表大会提出的法律案,在全国人民代表大会闭会期间,可以先向常务委员会提出,经常务委员会会议依照本法第二章第三节规定的有关程序审议后,决定提请全国人民代表大会审议"的做法。因此,相关法律案在提交全国人大审议之前,就已经完成了专门委员会审议阶段,在全国人大审议期间不需要再重复这一过程。《立法法》对全国人大常委会立法环节的程序规定足以确保对所有的法律案都可以适用。

不过,对于涉及几个专门委员会的法律案在审议过程中可能存在的职权交叉或缺漏的情况,有学者建议可以由全国人大常委会内部人员或专门委员会的主任委员进行协调。例如可以以宪法和法律委员会作为牵头单位,由主任委员协调各专门委员会审议的内容与具体方向,并汇总各专门委员会的意见。在《立法法》的现行规定中,宪法和法律委员会的确是承担着汇总各专门委员会的意见的职责,而且是对法律案进行统一审议的部门,因此由它来负责牵头并协调其他专门委员会的工作较为适宜。

(四)事前审查结果的出具和反馈

审查结果的出具和反馈中包括两个基本问题,一个是时间,另外一个是形式。关于事前审查结果出具的时间,《法国1958年宪法》第61条第3款和第4款规定,"宪法委员会应在1个月内作出裁决。如情况紧急,应政府的要求,此期限缩短为8日。出现上述情况,一旦向宪法委员会提请审查,法律公布期限即行中止"。由于法国宪法委员会根据该条对立法的审查是在立法在议会通过后、公布实施之前,宪法第10条第1款又规定:"共和国总统应于法律最终通过并送交政府后15日内公布法律。"因此,对于组织法、改革法和议会两院议事规则,宪法委员会一般会在15天期限内审查结束,在紧急情况下还可缩短为几日。《毛里塔尼亚伊斯兰共和国宪法》第86条第2—4款规定,"各组织法在公布之前,以及国会两院议事规程在实施之前,必须提请宪法委员会对其合宪性进行审查。基于同样的目的,法律在公布之前,得由总统、国民议会议长、参议院议长、1/3的国民议会议员或1/3的参议院议员向宪法委员会提请审查。在前两款规定的情况下,宪法委员会应在1个月内作出裁决。如果情况紧急,在总统的要求下,此裁决期限缩短为8日"。《安哥拉共和国宪法》第228条第4款规定,对于共和国总统提交的任何法案、国际条约,或任何需要签署的国际协议,或者国会议员提交的法案,"宪法法院应在48日内作出回复,紧急情况下,由共和国总统或1/10的完全履行职责的国会议员提议要求审查的,可以缩短时间"。

对于我国的宪法和法律委员会应当在多长时间内作出事前审查的结论,本书认为,可以结合常委会会期时间进行设置。《全国人大常委会议事规则》第3条规定:"全国人民代表大会常务委员会会议一般每两个月举行一次；有特殊需要的时候，可以临时召集会议。"因此，在相关法律案在常委会会议上第一次审议之后，离第二次审议一般有两个月的时间。在一般情况下，宪法和法律委员会应当在两个月内审议结束。为了配合宪法和法律委员会的综合审议，其他专门委员会应当能够在一个月内审议结束，以便留出一个月的时间给宪法和法律委员会在综合其他专门委员会意见的基础上进行审议。如果法律案内容较为复杂或者各方面意见分歧较大的，可以在报请全国人大常委会委员长会议同意后延长审议期限。

关于事前审查结果出具的形式，在英国，议会各委员会对法律案所进行的审查和解释，以报告的形式向议会提出。各个委员会根据职权范围在报告中写明对相关事项进行审查的依据、证据、部长答复和委员会对此事项的考虑和建议等内容。为了公共使用的目的，委员会的报告也会在议会网站上进行公开。在瑞典，宪法委员会对于相关主体向其提交且没有撤回的事项，必须向议会提出报告。①如果宪法委员会向议会所作的报告是有关基本法或议会法的有待最后通过的决议案问题，那么该报告应当同时附上委员会自己的意见和建议。②对于委员会的报告，《瑞典议会法》允许持反对意见的委员保留其意见和动议，并附在委员会的报告之中；委员会成员还可以与报告一起提出单独声明，以详细解释其立场。③委员会的报告将在议会通过两次辩论后，方可付诸表决；但是委员会或议长也可以建议议会只通过一次辩论即交付表决，在此之前需要与委员会主席或副主席磋商。④

在我国，宪法和法律委员会在审议相关法律案或修正案之后，会向全

---

① 《瑞典议会法》第 4 章第 9 条。
② 《瑞典议会法》第 3 章第 14 条、第 4 章第 9 条。
③ 《瑞典议会法》第 4 章第 15 条第 2 款、第 16 条。
④ 《瑞典议会法》第 5 章第 1 条及之一。

国人大或全国人大常委会进行汇报。这些报告也是公开的。不过在公开的报告中,有的报告是对各个专门委员会修改意见的汇总,并没有提出宪法和法律委员会自己的意见。这在早期的汇报中比较常见,例如 1990 年 12 月 27 日《全国人民代表大会法律委员会关于四个法律案修改意见的汇报》。近年来,在(宪法和)法律委员会的汇报中既反映各个委员会的意见,也提出自己的看法。例如,2017 年 8 月 28 日《全国人民代表大会法律委员会关于〈中华人民共和国反不正当竞争法(修订草案)〉修改情况的汇报》。近年来的发展更有助于宪法和法律委员会履行审议法律案的职责。不过,是否需要像英国的委员会那样,在报告中写明对相关事项进行审查的依据、证据、部长答复和委员会对此事项的考虑和建议等内容呢?笔者认为,在公开的汇报中可以简略写明,但是应当将包括这些内容的详细资料留存编号。即便不予以公开,但也应当允许全国人大代表或全国人大常委组成人员进行查阅。在事后审查的过程中,此类资料也可以作为审查的依据,促进事后审查高效和准确的开展。

（五）事前审查结果的效力

关于事前审查结果的效力,不同国家的规定不尽相同。例如《毛里塔尼亚伊斯兰共和国宪法》第 87 条规定:"被宣告违反宪法的法律文件不得予以公布,也不得予以实施。宪法委员会的裁决具有普遍的拘束力。宪法委员会的裁决不得进行任何上诉。宪法委员会的裁决拘束公权力和所有的行政机关和司法机关。"《安哥拉共和国宪法》第 229 条规定:"1.已提交宪法法院要求事先合宪性审查的立法,在宪法法院公布裁决之前不得颁布、签署或批准。2.如果宪法法院宣布立法、条约、公约或国际协议任一规则违宪,共和国总统应否决相关法案,并返回批准该法条的机构。3.如果在前述情况下,该立法、条约、公约或国际协议不被颁布、签署或批准,则立法机构可以删掉违宪条款,酌情通过该法案。4.如果重新制定法案、条约、公约或国际协议,曾质疑其合宪性的共和国总统或国会议员可要求对这些法案的任何条款进行事先合宪性审查。"对于法国的宪法委员会,《法国 1958 年宪法》第 62 条第 3 款规定,"宪法委员会的裁决,不得上诉,并对公权机关及所有行政机关、司法机关具有拘束力",第 1 款规定"宪法委员会宣告违宪的法律的不得公布,也不得适用"。这意味着如果被宪法委员会裁决为违宪,那么立法机关必须放弃法律案或相关条文,或者对法律案或相关条文进行修改,不能以原法律案或者与原法律案没有实质差别的议案继续进行审议和颁布实施程序。即便立法机关想要忤逆宪法委员会的意见并试图继续推进法律案的颁布实施,承担法律案公布职责的总统也应当拒绝公布。如果是对已经生效实施的法律作出的违宪判决,那么行政机关和司法机关不得再适用这一法律或被判决违宪的条文,立法机关也不得再次通过类似的立法。通常,宪法委员会在作出违宪裁决的时候,会在裁决中解释判定法律案或法律违宪的理由,据此提醒立法机关类似行为是禁止的;一般情况下,立法机关会谨慎考虑宪法委员会所提出的理由。但是,如果立法机关没有领会宪法委员会的意思或者虽然领会但决意违背之,那么新的类似法案仍然可能被提请审查——这种情况被称为"双重控制"(cotrôle à double détente)。[1]在这些国家,事前审查的结论具有法律拘束力。

在由议会常设委员会进行事前宪法审查的国家,例如英国和瑞典,事前审查的结论则仅具有建议效力。例如在英国,一般情况下,委员会在对议案进行事前审查之后出具的报告不会对政府法案正确与否、合宪与否等问题得出结论,即便委员会发现政府立法有违法或违宪嫌疑时,也仅仅在其报告中表达这种可能性。委员会审查法案的目的是提醒议会两院并警告相关政府部门他们可能没有发觉的法案存在的问题,并非终局性的判定法案的合宪性。因此,即便行政立法性文件联合委员会认为所提议

---

① 参见张莉:《法国违宪审查制度的历史发展与特征》,载莫纪宏主编:《违宪审查的理论与实践》,法律出版社 2006 年版,第 225—228 页。

制定的委任立法超出授权法所授予的权力，它也仅仅会在其报告中提醒议会两院注意。人权联合委员会的报告也是一样的，即便其发现政府法案与《人权法案》之要求相悖，也只能够表达对这种可能性的看法。最终决定是否接受委员会此类报告并判断相关议案是否存在违宪或存在其他问题的是议会，尤其通过议会全院大会对法案的通过、修改或否决等形式作出。

相较比英国来说，瑞典议会宪法委员会提出的报告或决定则对议会整体有更强的影响力。例如《瑞典议会法》规定，对于宪法委员会针对由议长提交的涉嫌违宪的议案所作出的合宪性审查结论，议长应当遵循宪法委员会的决定，即如果决定是相关议案不违宪，那么议长不能拒绝交付表决。①《瑞典议会法》还规定，如果宪法委员会向议会所作出的报告是关于基本法或议会法的有待最后通过的决议案的问题，那么该报告应当同时附上委员会自己的意见和建议。②如果宪法委员会的委员对最终的报告持反对意见，那么还可以在报告中提出保留或者撰写一份单独声明以解释自己的立场和观点。③相较于英国议会常设委员会仅仅能够在报告中提出自己的观点却不能提出有效的立法意见和建议来说，瑞典宪法委员会的报告具有更强的劝诫性影响。更直白地说，就是瑞典宪法委员会的报告所提出的不仅仅代表委员会的观点，仅供议会整体参考，而是宪法委员会作为宪法授权的机构所作出的关于议案和相关问题的解释和决定具有客观性和权威性，议会有义务将其纳入考量——尽管并不必然认同并遵守。不过，宪法委员会所提出的议案或者针对其他主体提出议案的合宪性审查报告都必须经过议会最终辩论、同意和通过，方才得以成为正式的法律或者获得正式的接受。宪法委员会的报告和决定尽管具有劝诫

①　《瑞典议会法》第 2 章第 9 条。
②　《瑞典议会法》第 3 章第 14 条、第 4 章第 9 条。
③　《瑞典议会法》第 4 章第 15 条第 2 款、第 16 条。

性——瑞典《政府组织法》和《议会法》赋予了宪法委员会报告和决定较高的地位,议会在大多数情况下会接受宪法委员会的建议和对宪法的解释——可是这一劝诫无法自行生效执行,必须经过议会的首肯。如果议会不予首肯,那么宪法委员会的报告和决定就无法获得正式效力。换句话说,使得宪法委员会的报告和决定获得实在效力的是议会整体并通过正式程序,而不是宪法委员会本身提出这些报告或决定的过程。因此,瑞典宪法委员会宪法审查和解释的劝诫性效力归根结底仍然是一种建议性效力。

对于我国由全国人大宪法和法律委员会作出的事前审查结论,笔者认为,也以建议性效力为宜。《立法法》《全国人大组织法》《监督法》和《全国人大议事规则》《全国人大常委会议事规则》等并没有对宪法和法律委员会就法律案审议提出的报告应当对全国人大或全国人大常委会产生何种影响力作出规定。不过,在我国全国人大和全国人大常委会内部的权力架构中,专门委员会的定位主要是辅助性机构。《宪法》第70条规定:"全国人民代表大会设立民族委员会、宪法和法律委员会、财政经济委员会、教育科学文化卫生委员会、外事委员会、华侨委员会和其他需要设立的专门委员会。在全国人民代表大会闭会期间,各专门委员会受全国人民代表大会常务委员会的领导。各专门委员会在全国人民代表大会和全国人民代表大会常务委员会领导下,研究、审议和拟订有关议案。"在实践中,也形成了全国人大专门委员会作为全国人大和全国人大常委会的立法辅助机构的做法。专门委员会提出的报告仅仅是供全国人大或全国人大常委会参考,究竟是否采纳报告中的建议,仍由全国人大代表或全国人大常委会组成人员通过民主投票的方式进行决定。

三、事后审查的程序设计

（一）启动主体

根据《法规、司法解释备案审查工作办法》的区分,我国的备案审查分为几个系列：依职权审查、依申请审查、移送审查和专项审查。第18条规定："对法规、司法解释可以采取依职权审查、依申请审查、移送审查、专项审查等方式进行审查。"根据该办法第三章的规定，备案审查的标准包括四个方面：合宪性、政治性、合法性和适当性。第36条规定："对法规、司法解释进行审查研究，发现法规、司法解释存在违背宪法规定、宪法原则或宪法精神问题的，应当提出意见。"第37条规定："对法规、司法解释进行审查研究，发现法规、司法解释存在与党中央的重大决策部署不相符或者与国家的重大改革方向不一致问题的，应当提出意见。"第38条规定："对法规、司法解释进行审查研究，发现法规、司法解释违背法律规定，有下列情形之一的，应当提出意见：（一）违反立法法第八条，对只能制定法律的事项作出规定；（二）超越权限，违法设定公民、法人和其他组织的权利与义务，或者违法设定国家机关的权力与责任；（三）违法设定行政许可、行政处罚、行政强制，或者对法律设定的行政许可、行政处罚、行政强制违法作出调整和改变；（四）与法律规定明显不一致，或者与法律的立法目的、原则明显相违背，旨在抵消、改变或者规避法律规定；（五）违反授权决定，超出授权范围；（六）对依法不能变通的事项作出变通，或者变通规定违背法律的基本原则；（七）违背法定程序；（八）其他违背法律规定的情形。"第39条规定："对法规、司法解释进行审查研究，发现法规、司法解释存在明显不适当问题，有下列情形之一的，应当提出意见：（一）明显违背社会主义核心价值观和公序良俗；（二）对公民、法人或者其他组织的权利和义务的规定明显不合理，或者为实现立法目的所规定的手段与立法目的明显不匹配；（三）因现实情况发生重大变化而不宜继续施行；（四）变通明显无必要或者不可行，或者不适当地行使制定经济特区法规、自治条例、单行条例的权力；（五）其他明显不适当的情形。"这意味着在备案审查的四个系列中，都会涉及对相关规范的事后宪法监督。

对于依职权审查和依申请审查的启动主体，我国《立法法》已经作了较为详细的规定。其中，依申请审查分为审查要求和审查建议。《立法法》第 99 条第 1 款规定的是审查要求，即"国务院、中央军事委员会、最高人民法院、最高人民检察院和各省、自治区、直辖市的人民代表大会常务委员会认为行政法规、地方性法规、自治条例和单行条例同宪法或者法律相抵触的，可以向全国人民代表大会常务委员会书面提出进行审查的要求，由常务委员会工作机构分送有关的专门委员会进行审查、提出意见"。第 2 款规定的是审查建议，即"前款规定以外的其他国家机关和社会团体、企业事业组织以及公民认为行政法规、地方性法规、自治条例和单行条例同宪法或者法律相抵触的，可以向全国人民代表大会常务委员会书面提出进行审查的建议，由常务委员会工作机构进行研究，必要时，送有关的专门委员会进行审查、提出意见"。第 99 条第 3 款规定的是依职权审查，即"有关的专门委员会和常务委员会工作机构可以对报送备案的规范性文件进行主动审查"。对于依申请审查的启动主体，《法规、司法解释工作办法》并没有进行进一步的规定。但是对于依职权审查，该《工作办法》第 19 条进一步明确了《立法法》规定的"有关的专门委员会"和"常务委员会工作机构"究竟是哪些。该条规定，"专门委员会、法制工作委员会对法规、司法解释依职权主动进行审查"。因此，对于审查要求来说，启动主体就是国务院、中央军委、最高人民法院、最高人民检察院和省级人大常委会。鉴于国家监察委员会和前述四个机构级别相同，可以预测在未来国家监察委员会也应当属于可以启动审查要求的主体。只不过囿于职权法定的原则，国家监察委员会提请的审查申请想要归属于审查要求，仍需在《立法法》修改之后。国家监察委员会当前能够提起的，仍然是审查建议。除国家监委之外，能够以审查建议形式启动宪法审查的主体还有除前述几个国家机构之外的其他国家机构，例如国家主席、省级人大等，以及其他社会团体、企事业组织和公民。依职权审查或者说主动审查的启动主体是专门委员会和法工委。

对于专项审查,根据《法规、司法解释备案审查工作办法》的规定,启动主体是法工委。该办法第 25 条规定,"法制工作委员会结合贯彻党中央决策部署和落实常委会工作重点,对事关重大改革和政策调整、涉及法律重要修改、关系公众切身利益、引发社会广泛关注等方面的法规、司法解释进行专项审查。在开展依职权审查、依申请审查、移送审查过程中,发现可能存在共性问题的,可以一并对相关法规、司法解释进行专项审查"。那么除了法工委之外,其他机关或机构在重大改革或重大情势变更的情况下,发现可能需要对某一领域的系列法律,甚至几个相关领域的法律进行审查的,是否也能够要求或建议法工委启动专项审查呢? 例如在疫情期间,可能就会涉及对传染病防治、突发事件应对、卫生检验检疫等方面的法律法规进行全面审查或调整。在监察体制改革的初期,也会涉及《全国人大组织法》《监督法》《立法法》《刑事诉讼法》等大量法律的修改。在这种情况下,国务院或者中共中央能否向全国人大常委会提出专项审查的建议,由法工委具体进行呢? 笔者认为,这种机制也可以建立起来,允许其他国家机构和党的中央机关向全国人大常委会提出专项审查的建议。

对于移送审查,《法规、司法解释备案审查工作办法》第 24 条规定:"法制工作委员会对有关机关通过备案审查衔接联动机制移送过来的法规、司法解释进行审查。"那么启动的主体应当是通过备案审查衔接联动机制移送法规、司法解释过来的国家机构。该办法第 26 条进一步规定,"对不属于全国人大常委会备案审查范围的规范性文件提出的审查建议,法制工作委员会可以按照下列情况移送其他有关机关处理:(一)对党的组织制定的党内法规和规范性文件提出的审查建议,移送中央办公厅法规局;(二)对国务院各部门制定的规章和其他规范性文件提出的审查建议,移送司法部;对地方政府制定的规章和其他规范性文件提出的审查建议,移送制定机关所在地的省级人大常委会,并可同时移送司法部;

（三）对军事规章和军事规范性文件提出的审查建议，移送中央军委办公厅法制局；（四）对地方监察委员会制定的规范性文件提出的审查建议，移送制定机关所在地的省级人大常委会，并可同时移送国家监察委员会；（五）对地方人民法院、人民检察院制定的属于审判、检察工作范围的规范性文件提出的审查建议，移送制定机关所在地的省级人大常委会，并可同时移送最高人民法院、最高人民检察院。法制工作委员会在移送上述审查建议时，可以向有关机关提出研究处理的意见建议"。由此可见，与全国人大常委会之间存在备案审查衔接联动关系的机构包括中共中央、国务院、省级人大常委会、中央军委、国家监察委员会、最高人民法院和最高人民检察院。因此，能够启动移送审查程序的主体至少包括前述这些国家机构。那么，除了这些国家机构之外，其他国家机构——尤其是地方国家机构——能否启动移送审查呢？例如市级和县级政府、人大常委会、地方监察委员会和法院、检察院、地方各级党委等，能否直接向全国人大常委会移送审查。笔者认为，与合宪性问题优先的情况类似，如果允许所有的法院都能够直接向全国人大常委会提出宪法审查的建议，那么必定会大幅度增加全国人大常委会的工作量。各种层级的法院也可能会将全国人大常委会的宪法审查决定作为自己的护身符。如果允许所有的地方各级国家机构都能够向全国人大常委会移送审查，那么可能也会导致类似的情况发生。因此，笔者认为，可以采取和移送审查类似的规定，要求各地方国家机构将审查建议和可能需要移送审查的申请事项统一汇总至本系统内最高机构或省级人大常委会，由与全国人大常委会有直接移送关系的国家机构进行移送。

除《法规、司法解释备案审查工作办法》对《立法法》中规定的主动审查和被动审查的细化和拓展之外，当前我国大多数学者还建议激活被动审查中的审查要求机制，尤其是通过最高人民法院提出审查要求。这一建构思路被称为合宪性问题优先移送。此种模式借鉴于法国、欧盟和意大利,即在当事人在具体案件中提出涉及规范存在合宪性问题的时候,法院并不就其作出实质性判断,而是暂停案件的审理,将该疑问提交至宪法监督机关进行判断,此后在根据该判断作出对案件的判决结果。在我国的既有体制中,合宪性问题优先移送无疑是对现有体制调整最少,但与此同时实现对公民基本权利加强保障的最佳选择。如果未来我国也接受了这一制度,那么能够间接启动审查要求的主体将包括公民、社会团体、企事业组织和其他国家机构。

（二）启动事项

各个国家对何种事项能够启动宪法监督程序的规定不尽相同。例如在普通法院进行宪法监督的美国和日本,只要能够启动诉讼的事项都能够启动合宪性审查。在宪法法院进行宪法监督的德国,能够启动宪法审查的事项包括公权力机关对公民基本权利的剥夺、公权力机关之间职权职责的不清晰、联邦或州的权利义务问题、联邦和州之间、各州之间,以及州内其他公法争议、各州内部的宪法案件、政党的宪法问题、选举效力或议员资格丧失的问题,以及公民在宪法诉愿制度中提出的、其基本权利遭到公权力侵犯的情况。同样由宪法法院进行宪法监督的奥地利,能够启动宪法审查的事项包括法律、法令、国际条约、法律或国际条约重审令的宪法问题、最高机关和州最高机关之公务违法行为的宪法责任、未决案件中所涉规范存在的宪法问题、选举异议和议员丧失席位的情况、法院与行政机关之间、行政法院与其他法院(包括宪法法院)、普通法院与其他法院、联邦与各州或各州之间的管辖冲突,以及同样公民在宪法诉愿制度中提出的、其基本权利遭到公权力侵犯的案件。在宪法委员会进行宪法审查的法国,能够启动宪法审查的事项包括已经过议会投票但未生效法律的合宪性问题、尚未批准或认可的国际条约或协定的合宪性问题、立法事项属于立法范围还是行政范围的问题、总统、国民议员和参议员的选举争议、总统行使紧急权力的必要性,以及私主体在合宪性问题优先移送机制中提起的、案件所涉规范的合宪性问题。

在我国《宪法》《立法法》《全国人大组织法》和《监督法》等法律法规中，并没有对能够启动宪法监督的事项作出细致的规定，仅规定了能够启动审查的规范范围。在《立法法》和《法规、司法解释备案审查工作办法中》，能够启动全国人大常委会宪法审查——其中包括依职权审查、依申请审查、移送审查和专项审查——的规范包括行政法规、监察法规、地方性法规、经济特区法规、自治条例和单行条例，以及司法解释等。不过，本书在第三章已经表明，本书更赞同将职权性行政法规、领导性监察法规、先行性地方性法规、经济特区法规、自治条例和单行条例列为宪法监督的对象，执行性行政法规、监察法规、地方性法规和司法解释更宜作为合法性监督的对象。根据《宪法》和《立法法》的规定，能够启动全国人大宪法审查的规范主要是全国人大常委会的法律和决议决定。此外，虽然既有法律法规并没有明确将国家机构及其工作人员的行为纳入审查的对象，但是根据全国人大和全国人大常委会对其他机构和人员之间的监督和被监督关系，可以将他们的较为重要的、有宪法意义的行为纳入宪法审查的启动事项。这一点在第三章中也已经阐明。

（三）启动程序

在我国的既有规定中，区分依职权审查、依申请审查、移送审查和专项审查，它们的启动程序不尽相同。依申请审查的启动需要公民、组织或企事业单位，以及国家机构向相关国家机构提交符合格式要求的审查申请。对于审查申请的格式，只有《立法法》规定了"书面"格式，除此之外并尚无其他要求。《法规、司法解释备案审查工作办法》第31条还规定："根据审查建议对法规、司法解释进行审查研究，可以向审查建议人询问有关情况，要求审查建议人补充有关材料。"全国人大常委会在决定进行审查之后，可以再行要求建议人补充。不过对于审查要求，并没有类似规定。

对于审查建议，是否应当要求公民和其他组织在穷尽所有其他法律救济之后，其基本权利仍然不能获得保障的情况下，才能提起呢？例如像德国和奥地利，对于宪法诉愿的启动，一般都规定了这样的前置条件。根据《德国联邦宪法法院法》第 90 条的规定，任何主体因其基本权利遭受公权力侵犯提出宪法诉愿，必须是在其他法律救济途径已经用尽，或案件所涉问题具有普遍重要性，或当事人诉诸其他救济途径会给其带来损害之时，方可向宪法法院提出。《奥地利联邦宪法》第 144 条规定，对行政机关或独立行政评议会的决定提出的指控："一、仅在穷尽所有行政程序后才能提出此类指控。二、如果宪法法院认为原告没有胜诉的合理可能性，或认为不能期望通过裁决解决宪法问题，则其可以在诉讼进行之前即决定驳回原告的庭审请求。如果所涉案件被第 133 条的规定排除在行政法院的管辖范围之外，则宪法法院不得驳回原告的庭审请求。三、如果宪法法院发现，本条第一款所述的任何权利并没有受到所指控的行政机关决定的侵害，而且所涉案件又没有被第 133 条的规定排除在行政法院管辖范围之外，则其应根据原告的请求将案件移交行政法院，由其对原告的任何其他权利是否为行政机关决定所侵害作出裁判。本条规定比照适用于依据本条第二款所作的决定。"因此，对于行政机关的指控，奥地利的规定是一般情况下应当穷尽行政救济手段，且是宪法权利受到侵犯、能够通过宪法法院裁决、有胜诉可能的情况，除非行政法院不提供救济。第 144 条之一第 2 款规定，对于庇护法院裁决提出的指控，"如果宪法法院认为原告没有胜诉的合理可能性，或认为不能期望通过裁决解决宪法问题，则其可以在诉讼进行之前即决定驳回原告的听审请求。"因此，对于庇护法院裁决的异议，奥地利的规定是应当能够通过宪法法院裁决、有胜诉可能，宪法法院才予以受理。笔者认为，对于我国的审查建议来说，其并不一定启动宪法审查，因此没有必要要求公民和其他组织必须在穷尽其他法律救济之后方能提出。如果做这样的要求的话，那么审查建议最好能够转化为审查要求，这样对公民权利的保障更为有利。

在审查要求和审查建议提出之后，能否启动审查的情况不同。审查要求在适格的国家机构向全国人大常委会提交符合格式要求的审查申请之后，对相关规范的审查程序就自动开启。但是对于审查建议来说，在公民、组织或企事业单位、其他国家机构向全国人大常委会提交符合格式要求的审查申请之后，还要由法工委进行审查研究。只有在法工委审查研究之后认为确有审查必要的，才能启动审查程序。如果法工委认为没有审查必要，那么可以不启动审查程序。《法规、司法解释备案审查工作办法》第 23 条规定："经初步研究，审查建议有下列情形之一的，可以不启动审查程序：（一）建议审查的法规或者司法解释的相关规定已经修改或者废止的；（二）此前已就建议审查的法规或者司法解释与制定机关作过沟通，制定机关明确表示同意修改或者废止的；（三）此前对建议审查的法规或者司法解释的同一规定进行过审查，已有审查结论的；（四）建议审查的理由不明确或者明显不成立的；（五）其他不宜启动审查程序的情形。"值得注意的是，不启动审查的情形中，并不包括申请提交机关错误的情况。根据《法规、司法解释备案审查工作办法》的规定和精神，如果审查申请提交的国家机构无权进行审查，那么该国家机构会将审查申请移送至有权审查的国家机构。在这种情况下，依申请审查转变为移送审查。

依职权审查的启动需要相关国家机关的内部机构在规定时间内提交符合格式要求的规范文本。《法规、司法解释备案审查工作办法》第 9 至 12 条对备案的时间、报送机关、报送的材料、格式要求和信息化建设作出了详细规定。第 9 条规定："法规、司法解释应当自公布之日起三十日内报送全国人大常委会备案。报送备案时，应当一并报送备案文件的纸质文本和电子文本。"第 10 条规定："法规、司法解释的纸质文本由下列机关负责报送备案：（一）行政法规由国务院办公厅报送；（二）监察法规由国家监察委员会办公厅报送；（三）地方性法规、自治州和自治县制定的自治条例和单行条例由各省、自治区、直辖市人大常委会办公厅报送；（四）经济特区法规由制定法规的省、市人大常委会办公厅(室)报送;(五)司法解释分别由最高人民法院办公厅、最高人民检察院办公厅报送;最高人民法院、最高人民检察院共同制定的司法解释,由主要起草单位办公厅报送。"第11条规定:"报送备案时,报送机关应当将备案报告、国务院令或者公告、有关修改废止或者批准的决定、法规或者司法解释文本、说明、修改情况汇报及审议结果报告等有关文件的纸质文本装订成册,一式五份,一并报送常委会办公厅。自治条例、单行条例、经济特区法规对上位法作出变通规定的,报送备案时应当说明对法律、行政法规、地方性法规作出变通的情况,包括内容、依据、理由等。"第12条规定:"法规、司法解释的电子文本由制定机关指定的电子报备专责机构负责报送。报送机关应当通过全国人大常委会备案审查信息平台报送全部备案文件的电子文本,报送的电子文本应当符合全国人大常委会工作机构印发的格式标准和要求。"第13条规定:"常委会办公厅应当自收到备案文件之日起十五日内进行形式审查,对符合法定范围和程序、备案文件齐全、符合格式标准和要求的,予以接收并通过全国人大常委会备案审查信息平台发送电子回执;对不符合法定范围和程序、备案文件不齐全或者不符合格式标准和要求的,以电子指令形式予以退回并说明理由。因备案文件不齐全或者不符合格式标准和要求被退回的,报送机关应当自收到电子指令之日起十日内按照要求重新报送备案。"

专项审查的启动由全国人大常委会法工委决定,因此启动程序较为灵活。根据《法规、司法解释备案审查工作办法》第25条的规定,即便没有任何主体的提请,法工委自己也可以"结合贯彻党中央决策部署和落实常委会工作重点,对事关重大改革和政策调整、涉及法律重要修改、关系公众切身利益、引发社会广泛关注等方面的法规、司法解释进行专项审查"。此外,"在开展依职权审查、依申请审查、移送审查过程中,发现可能存在共性问题的,可以一并对相关法规、司法解释进行专项审查"。

对于依申请审查的接收和登记机构,《法规、司法解释备案审查工作办法》区分了审查要求和审查建议。第 21 条规定:"国家机关依照法律规定向全国人大常委会书面提出的对法规、司法解释的审查要求,由常委会办公厅接收、登记,报秘书长批转有关专门委员会会同法制工作委员会进行审查。"第 22 条规定:"国家机关、社会团体、企业事业组织以及公民依照法律规定向全国人大常委会书面提出的对法规、司法解释的审查建议,由法制工作委员会接收、登记。法制工作委员会对依照前款规定接收的审查建议,依法进行审查研究。必要时,送有关专门委员会进行审查、提出意见。"对于依职权审查的接收和登记机构,该办法第 5 条规定,"常委会办公厅负责报送备案的法规、司法解释的接收、登记、分送、存档等工作"。对于移送审查的接收和登记机构,根据工作办法的规定,应当是法工委。第 7 条规定,"常委会工作机构通过备案审查衔接联动机制,加强与中央办公厅、司法部、中央军委办公厅等有关方面的联系和协作"。第 26 条的规定是,"对不属于全国人大常委会备案审查范围的规范性文件提出的审查建议,法制工作委员会可以按照下列情况移送其他有关机关处理"。由此可以推断,对于移送入全国人大常委会审查的规范,也应当由法工委进行接收和登记。

(四)审查程序

对于事后审查的具体程序,《立法法》第 100 条第 1 款有简要规定,即"全国人民代表大会专门委员会、常务委员会工作机构在审查、研究中认为行政法规、地方性法规、自治条例和单行条例同宪法或者法律相抵触的,可以向制定机关提出书面审查意见、研究意见;也可以由法律委员会与有关的专门委员会、常务委员会工作机构召开联合审查会议,要求制定机关到会说明情况,再向制定机关提出书面审查意见。制定机关应当在两个月内研究提出是否修改的意见,并向全国人民代表大会法律委员会和有关的专门委员会或者常务委员会工作机构反馈"。

《法规、司法解释备案审查工作办法》(以下简称"《工作办法》")对这一规定进行了细化。第14条首先规定了各个专门委员会和法工委的职责,即"常委会办公厅对接收备案的法规、司法解释进行登记、存档,并根据职责分工,分送有关专门委员会和法制工作委员会进行审查研究"。第三章第二节对审查过程中征求各方面意见、进行调查研究、询问情况和共同审查等事项进行了规定。第28条规定:"对法规、司法解释进行审查研究,对涉及国务院职权范围内的事项,可以征求国务院有关方面的意见。"第29条规定:"对法规、司法解释进行审查研究,可以根据情况征求有关专门委员会、常委会工作机构的意见。"第30条规定:"对法规、司法解释进行审查研究,可以通过座谈会、听证会、论证会、委托第三方研究等方式,听取国家机关、社会团体、企业事业组织、人大代表、专家学者以及利益相关方的意见。"第31条规定:"根据审查建议对法规、司法解释进行审查研究,可以向审查建议人询问有关情况,要求审查建议人补充有关材料。"第32条规定:"对法规、司法解释进行审查研究,根据需要可以进行实地调研,深入了解实际情况。"第33条规定:"专门委员会、法制工作委员会在审查研究中认为有必要进行共同审查的,可以召开联合审查会议。有关专门委员会、法制工作委员会在审查研究中有较大意见分歧的,经报秘书长同意,向委员长会议报告。"不过值得注意的是,这里规定的都是"可以",而不是"必须"。因此,在进行审查的过程中,宪法和法律委员会、法工委以及其他专门委员会是否征求和听取其他国家机关、社会团体、企事业组织、人大代表、专家学者、利益相关方的意见,是否进行调研并向审查建议人询问相关情况,均由其自行决定。第33条对联组会议的规定也与《立法法》有一定的出入。《工作办法》第33条仅规定了,在专门委员会法工委认为有必要进行共同审查时,可以召开联合审查会议。但是,《立法法》第100条第一款第一句的后半句的规定却是联合审查会议时,可以

"要求制定机关到会说明情况"。尽管是否召开联合审查会议以及是否要求制定机关到会说明情况是专门委员会和法工委可以选择的事项，可是这一语句的措辞其实会让这两个机构在审查相关规范的时候，更加倾向要求制定机关到会说明情况。这一选项并没有出现在《工作办法》的相关规定中，是否意味着《工作办法》并不倾向在宪法审查过程中让制定机关到专门委员会和法工委的联合会议上说明情况呢？此外，第35条还规定："法制工作委员会加强与专门委员会在备案审查工作中的沟通协调，适时向专门委员会了解开展备案审查工作的情况。"这实际上是将全国人大常委会法工委作为备案审查工作的协调部门。

对于在审查过程中，宪法和法律委员会、法工委可以采取的措施，《工作办法》第27条规定："根据审查要求、审查建议进行审查研究，发现法规、司法解释的规定可能存在本办法第三章第三节规定情形的，应当函告制定机关，要求制定机关在一个月内作出说明并反馈意见。对法规、司法解释开展依职权审查、移送审查、专项审查，发现法规、司法解释的规定可能存在本办法第三章第三节规定情形的，可以函告制定机关在一个月内作出说明并反馈意见。依照本条前两款函告需经批准的法规的制定机关的，同时抄送批准机关。"第三章第三节规定的情形即存在不符合宪法、不符合法律、不符合政策和不适当等情形。《工作办法》的这一规定同样是对《立法法》第100条第1款规定的细化，在提出"书面审查意见"和"研究意见"之前，增加了一项"函告"并"反馈意见"的前置程序。这一程序在实践中已存在多年，也曾经为《工作办法》之前的《行政法规、地方性法规、自治条例和单行条例、经济特区法规备案审查工作程序》和《司法解释备案审查工作程序》所认可。《工作办法》只是延续了这一规定。

（五）审查结果的出具和公布

关于审查的时限，《工作办法》第34条规定，"专门委员会、法制工作委员会一般应当在审查程序启动后三个月内完成审查研究工作，提出书面审查研究报告"。不过本条仅仅规定了一般情况下三个月的期限,如果出现特殊情况,期限应当如何延长,是否能够在紧急情况下缩短,以及何种情况可以算作是紧急情况等,并未予以明确。可以参考前述《法国1958年宪法》关于宪法委员会事前审查期限的规定。只不过对于事后审查来说,一般情况下并不涉及紧急情况,审查的时限可以较事前审查更加宽松。

对于审查结果的形式,《立法法》第100条第1款在规定了书面审查研究意见之后,第2款和第3款继续规定,"全国人民代表大会法律委员会、有关的专门委员会、常务委员会工作机构根据前款规定,向制定机关提出审查意见、研究意见,制定机关按照所提意见对行政法规、地方性法规、自治条例和单行条例进行修改或者废止的,审查终止。全国人民代表大会法律委员会、有关的专门委员会、常务委员会工作机构经审查、研究认为行政法规、地方性法规、自治条例和单行条例同宪法或者法律相抵触而制定机关不予修改的,应当向委员长会议提出予以撤销的议案、建议,由委员长会议决定提请常务委员会会议审议决定。"因此,《立法法》承认了两种形式的审查结果,"书面审查研究意见"和"撤销决定"。

这一情况在《工作办法》中有所改变。《工作办法》第40条规定:"专门委员会、法制工作委员会在审查研究中发现法规、司法解释可能存在本办法第三章第三节规定情形的,可以与制定机关沟通,或者采取书面形式对制定机关进行询问。"第41条规定:"经审查研究,认为法规、司法解释存在本办法第三章第三节规定情形,需要予以纠正的,在提出书面审查研究意见前,可以与制定机关沟通,要求制定机关及时修改或者废止。经沟通,制定机关同意对法规、司法解释予以修改或者废止,并书面提出明确处理计划和时限的,可以不再向其提出书面审查研究意见,审查中止。经沟通没有结果的,应当依照立法法第一百条规定,向制定机关提出书面审查研究意见,要求制定机关在两个月内提出书面处理意见。对经省、自治区、直辖市人大常委会批准的法规提出的书面审查研究意见,同时抄送批准机关。"第 42 条规定:"制定机关收到审查研究意见后逾期未报送书面处理意见的,专门委员会、法制工作委员会可以向制定机关发函督促或者约谈制定机关有关负责人,要求制定机关限期报送处理意见。"第 43 条规定:"制定机关按照书面审查研究意见对法规、司法解释进行修改、废止的,审查终止。"第 44 条规定:"制定机关未按照书面审查研究意见对法规及时予以修改、废止的,专门委员会、法制工作委员会可以依法向委员长会议提出予以撤销的议案、建议,由委员长会议决定提请常委会会议审议。制定机关未按照书面审查研究意见对司法解释及时予以修改、废止的,专门委员会、法制工作委员会可以依法提出要求最高人民法院或者最高人民检察院予以修改、废止的议案、建议,或者提出由全国人大常委会作出法律解释的议案、建议,由委员长会议决定提请常委会会议审议。"第 45 条规定:"经审查研究,认为法规、司法解释不存在本办法第三章第三节规定问题,但存在其他倾向性问题或者可能造成理解歧义、执行不当等问题的,可以函告制定机关予以提醒,或者提出有关意见建议。"这几条规定都是在第四章"处理"之下的。因此,可以发现,《工作办法》其实更加倾向认为,宪法审查的处理结果包括"书面询问""口头沟通""书面审查研究意见""撤销决定""修改决定"和"废止决定",以及"函告"和"意见建议"等形式。

值得注意的是,"书面询问""口头沟通""函告"和"意见建议"等并非《立法法》明确规定的处理结果形式。换句话说,这些处理结果形式并非是法定的。从形式本身来看,"书面询问""口头沟通""函告"和"意见建议"也并不正式。从程序上来看,"书面询问""口头沟通""函告"往往是在真正的处理决定作出之前进行的工作,有的"函告"可能是对规范存在的不适当情况的提醒。因此,这四种形式其实不适宜作为处理部分的内容,而应当规定在审查程序中。

"书面审查研究意见""撤销决定"是《立法法》和《工作办法》都明确规定的处理结果形式。虽然《立法法》没有规定"废止决定"和"修改决定"等形式，但是根据实践需要，可以自然地得出，这两种形式《立法法》是不会拒绝纳入的。"撤销决定""废止决定"和"修改决定"是由全国人大常委会根据专门委员会和法工委的议案和建议作出的决定，决定作出的主体是全国人大常委会。但是"书面审查研究意见"与此不同。根据《立法法》和《工作办法》的规定，这一意见的作出主体是专门委员会和法工委，在实践中几乎都是宪法和法律委员会与法工委。这意味着书面审查研究意见的作出主体是宪法监督的机构而不是机关，是宪法监督机构直接向规范的制定机关作出的。在本书第二章中已经明确，宪法审查结果的作出只能够以宪法监督机关的名义，不能以宪法监督机构的名义。即便宪法和法律委员会有一定的独立地位，但是其并非宪法监督权力的享有主体，所以无权作出宪法监督结论。法工委就更没有这一权力。那么"书面审查研究意见"是应当归为审查过程，还是对其出台主体作出改变，从而名正言顺地作为审查结果呢？本书认为，后一种方案更佳。从《立法法》和《工作办法》的规定来看，"书面审查研究意见"虽然是以宪法监督机构的名义下发的，但是对制定机关已经具有了一定的拘束力。对于书面审查研究意见，制定机关应当"在两个月内提出书面处理意见"。如果制定机关逾期未报送，宪法监督机构还"可以向制定机关发函督促或者约谈制定机关有关负责人，要求制定机关限期报送处理意见"。如果"制定机关未按照书面审查研究意见对法规及时予以修改、废止的"，宪法监督机构还可以向委员长会议提出撤销、修改或废止的议案和建议。对于此种已经带有一定强制性的研究意见，可以要求法工委与宪法和法律委员会在获得全国人大常委会同意后，以全国人大常委会的名义下发给制定机关。

此外，还有学者提出，在其他国家的宪法审查结果中，还会包括确认无效(包括限期无效宣告,部分无效宣告、单纯宣告违宪等)、不一致宣告、吁请裁判和合宪性解释等其他类型的裁判形式。①那么这些裁判形式是否适用于我国的情况呢? 笔者认为,对于我国而言,立法机关不需要克制自己仅仅作出确认无效或不一致的宣告,完全可以直接要求撤销、废止、改正,或者径行作出撤销、废止和改正的决定。不过,合宪性解释的形式可以借鉴。当然,合宪性解释也可以被理解成是一种达至合宪处理结果的途径,而不是一种结果形式。

对于审查结果的公布与反馈,《立法法》第101条规定:"全国人民代表大会有关的专门委员会和常务委员会工作机构应当按照规定要求,将审查、研究情况向提出审查建议的国家机关、社会团体、企业事业组织以及公民反馈,并可以向社会公开。"在本条的规定中,向相关机构和公民进行反馈是必须的程序,是否向社会公开则是可选择的,《工作办法》对这一规定进行了细化。第48条规定了审查要求和审查建议的反馈,"国家机关对法规、司法解释提出审查要求的,在审查工作结束后,由常委会办公厅向提出审查要求的机关进行反馈。国家机关、社会团体、企业事业组织以及公民对法规、司法解释提出审查建议的,在审查工作结束后,由法制工作委员会向提出审查建议的公民、组织进行反馈"。第49条规定了反馈的形式,"反馈采取书面形式,必要时也可以采取口头形式。对通过备案审查信息平台提出的审查建议,可以通过备案审查信息平台进行反馈"。第50条规定了移送审查中的反馈,"对不属于全国人大常委会备案审查范围的规范性文件提出的审查建议,法制工作委员会依照本办法规定移送有关机关研究处理的,可以在移送后向提出审查建议的公民、组织告知移送情况;不予移送的,可以告知提出审查建议的公民、组织直接向

---

① 参见胡锦光:《论设立"宪法和法律委员会"的意义》,载《政法论丛》2018年第3期;郑贤君:《作为政治审查的合宪性审查》,载《湖北科技大学学报》2018年第5期;田伟:《宪法和法律委员会规范合宪性审查的程序类型》,载《华东政法大学学报》2018年第4期。

有权审查的机关提出审查建议"。本条规定的反馈与前几条不同。在依申请审查程序中,向相关机构或公民进行反馈是必须的,只不过由不同的机构进行。但是在移送审查过程中,法工委向公民、组织告知移送或不予移送是可选择的。这意味着法工委也可以对于公民、组织的审查建议移送或不移送的情况不予告知。可是如果法工委不予告知,公民和组织又如何能够知晓相关情况,这一点仍需予以明确。

此外,第51条规定了备案审查情况的公开,"专门委员会、常委会工作机构应当将开展备案审查工作的情况以适当方式向社会公开"。这一条规定将《立法法》中的"可以"变成了"应当"。不过对于应当公开哪些内容,采取何种形式,关键在于"以适当方式"。当前,备案审查情况的公开大多是通过法工委每年向全国人大常委会作的备案审查工作报告。不过,这种形式是规定在第六章"报告工作"项下的。第52条规定,"法制工作委员会应当每年向全国人大常委会专项报告开展备案审查工作的情况,由常委会会议审议。备案审查工作情况报告根据常委会组成人员的审议意见修改后,在全国人大常委会公报和中国人大网刊载"。相反,第51条是规定在第五章"反馈与公开"项下的。这似乎意味着备案审查工作情况报告并非向社会公开的备案审查情况。如果是这样的话,那么究竟如何向社会公开、公开哪些内容,仍然有待明确。

在美国,法院作出的所有裁决均予以公开,其中包括法庭的多数意见和少数意见,以及持有这些意见的法官和他们的理由。与美国采取同样普通法院审查制的日本,却只挑选部分裁判内容进行公开,尽管其判决也由一名法官主笔且对多数意见持有不同态度的法官也可以在判决书中表达自己的观点。德国和奥地利则都以多数意见形成法院的最终意见,尽管这一多数意见同样经常由一名法官起草,但是如果其他法官持有不同意见,那么这一意见通常会在不断的讨论和斡旋过程中被反复修改,最终形成综合版的法庭意见。法国宪法委员会的判决同样以报告人的预裁判决为准,经过全体委员会议的讨论修改之后,经由投票和通过程序形成最终的裁判版本。此外,法国宪法委员会与美日不同而与德奥类似,裁决只公开多数意见,如果少数人对判决结果持反对意见,其并不会体现在公开的判决中——事实上,为了避免持反对意见的人员公开,宪法委员会的裁决也不会公开投票比例。

在我国的实践中,无论是在宪法和法律委员会与法工委审查阶段,还是在全国人大常委会的决议阶段,针锋相对的分歧的情况几乎不太可能出现。即便出现,《工作办法》也规定了联合审查会议的模式。这意味着我国更加倾向公开统一的处理结果。对于其中可能存在的分歧,应当通过不断协商最终形成一致意见。即便最后分歧仍然存在,也仍应以多数意见为最终结果进行公开。与最终结果不同的意见不宜公开,投票比例也不宜公开。这也是我国国家机构应当坚持的民主集中制原则的要求。至于如何公开,可以采取全国人大常委会公报或备案审查信息平台。

(六)审查结果的效力

宪法审查结果的效力包含两个基本问题,一个是拘束力,另一个是溯及力。对于拘束力,许多国家的规定都是具有法律拘束力。《佛得角宪法》第 279 条规定了宪法法院审查的效力:"1.如果宪法法院宣布国际条约或协议规范违宪,则共和国总统不得批准,并应退回批准该国际条约或协议的机构。2.如果国会根据与政府的磋商,由出席代表 2/3 多数确认,且该多数应多于全体代表的绝对多数,包含违宪规范的国际条约或协议可以由共和国总统批准。3.如果宪法法院自行宣布国际条约或协议的内容或形式违宪,则该法律由共和国总统否决并返还批准的机构。4.第3 款规定的情况,立法法案不能颁布,除非批准的机构废除违宪规定或者在此情况下,由在职的 2/3 代表多数决定。"根据《德国联邦宪法法院法》第 31 条第 1 款的规定,宪法法院的裁决具有法律效力。科默斯认为,这一条意味着宪法法院的裁决享有一般意义上的法律的效力,或者对以制定法为主的德国来说具有制定法的效力。①

　　对于我国由全国人大或全国人大常委会作出的事后宪法审查结果应当具有何种效力，要区分书面审查研究意见和撤销（修改、废止）决定分别讨论。对于撤销（修改、废止）决定，其应当具有法律拘束力，能够约束其他国家机关。对于书面审查研究意见，如果未来以全国人大或全国人大常委会的名义作出，那么同样应当具有拘束力。当前以全国人大宪法和法律委员会或全国人大常委会法工委的名义作出，那么暂时只能具有劝诫性的建议效力。

　　对于宪法审查结果的溯及力，《佛得角宪法》第284条第1款规定：“在程序进行中有关合宪性或合法性的宪法法院的判决具有强制力。”第285条规定：“1.具有一般强制力的违宪性或违法行为宣告自被认为违宪或违法之日起生效。2.宣告仅在被认为违宪或违法的规范生效后产生效力。3.任何国际惯例的违宪宣告应在判决公布之日起生效。4.在第1、2款的情况下，基于例外状态下安全、公平和公共利益的原因，宪法法院可以决定比2、3款规定的更有限的范围。5.如果有关刑罚或纪律处分、行政处罚的规范更有利于被告，具有强制力的违宪或违法宣告的效力不得影响判决，除非宪法法院有相反的判决。”《安哥拉共和国宪法》第231条第1—3款规定，对于规范的抽象审查：“1.具有普遍约束力的违宪声明从法律条款被宣布违宪之日起生效，已撤销的法律条款则重新确认有效。2.但由于违反之后的宪法性条款而违宪，声明则从后者生效之日起有效。3.在宪法法院法规与涉及刑事、纪律或行政犯罪的法规相冲突，且不利于被告时，则已用于审理的法律条款有效。”所以《佛得角宪法》和安哥拉共和国为宪法法院裁决设定的效力规范基本上是“从新兼从轻”。

_____

　　① See Donald P. Kommers，"Germany：Balancing Rights and Duties" in Jeffrey Goldsworthy ed.，*Interpreting Constitution：A Comparative Study*（Oxford University Press，2007）161，176，193.

审查结果效力问题中有一个对于我国来说已经展现出一定重要性的问题，就是该结果是否对引发审查的事项具有追溯效力。对于被直接宣告无效的法律，德国宪法法院早期采纳自始无效说，即被宣告违宪的法律或条文自始无效。但是这一观点会影响法律和政府行为的稳定性，因此后来宪法法院开始倾向撤销无效说，即被宣告违宪的法律或条文自被废除或宣告撤销之日起方才失去效力。例如，根据德国《联邦宪法法院法》第79条规定，一般情况下，法院根据被宪法法院后来宣告无效的法律作出的不可撤销的裁判的效力不受影响，但是如果刑法规范被宣布无效，那么此前根据该条款被判处刑罚者，可依据刑事诉讼法的规定提起再审。后一句是对前一句所秉承的撤销无效说设立的例外。对于宣告不一致的裁决，德国宪法法院的态度是，原则上被宣告与宪法不一致的规范禁止适用，但是在例外情况下可以允许违宪的法律作为过渡时期的规则全部或者部分继续适用，以避免出现法律真空状态。①《奥地利联邦宪法》关于法令审查裁决效力，第139条第6款规定："如果某项法令因违法而被废除，或者如果宪法法院根据本条第4款的规定宣布某项法令违法，则所有法院和行政机关均应受宪法法院该项裁决的拘束。除宪法法院在废除令中另有规定者外，该项法令对于在其废除前即已发生的事实情况应继续适用，但不包括导致对该项法令启动合法性审查程序的事实。如果宪法法院在废除令中规定了本条第5款所述期限，则该项法令对在规定期限届满前已经发生的事实情况应继续适用，但不包括导致对该项法令启动合法性审查程序的事实。"第5款的规定是："如果宪法法院以违法为由作出废除某项法令的裁决，则联邦最高主管机关或州最高主管机关应立即公布该项废除令。本规定比照适用于本条第4款所述裁决。如果宪法法院对废除令的生效日期未作规定，则废除令自公布之次日起生效，如果宪

---

① 参见田伟：《规范合宪性审查决定的类型与效力》，载《中国法律评论》2020年第1期。

法院对废除令的生效日期有所规定，则至迟不得超过 6 个月，如果有必要采取法律措施，则至迟不得超过 18 个月。"关于法律审查裁决的效力，第 140 条第 7 款规定："如果某项法律因违宪而被废除，或者如果宪法法院根据本条第 4 款的规定宣布某项法律违宪，则所有法院和行政机关均应受宪法法院该项裁决的拘束。除宪法法院在废除令中另有规定者外，该项法律对于在其废除前已发生的事实情况应继续适用，但不包括导致对该项法律启动合宪性审查程序的事实。如果宪法法院在废除令中规定了本条第 5 款所述期限，则该项法律对在规定期限届满前已发生的事实情况应继续适用，但不包括导致对该项法律启动合宪性审查程序的事实。"因此，奥地利联邦宪法法院宣布废除或违反违法的裁决一般不具有追溯力，除导致对该项法律法令启动宪法审查的事实。

笔者认为，我国也可借鉴类似规定，明确全国人大或全国人大常委会的相关裁决只对作出之后的事项有拘束力，除导致该审查程序启动的案件，避免在相关规范被宣布违反宪法后无法获得相应的救济。不过，如果我国同样借鉴奥地利的做法，允许全国人大和全国人大常委会在裁决中明确相关规范在一个固定期限届满后方才失效，那么在这个期间，该规范的效力不能单纯遵循《奥地利联邦宪法》的规定，即对期限届满以前的案件继续适用，除导致启动审查程序的事实外。因为除启动审查程序的案件之外，相关规范在该期限内很可能还会引发其他与启动审查程序的案件事实类似的情况，如果该规范已经涉嫌违宪却继续适用于这些情况，那么对其他案件的当事人就不够公平；这些当事人想要获得公平的结果，也需要启动宪法审查程序，这又不利于宪法审查的效率性。因此，本书建议，对《奥地利联邦宪法》的规定作进一步的修正和细化，规定全国人大及其常委会作出的宪法审查决定如果明确在一段时间之后方才生效，那么对该时间期限之内发生的案件仍然具有拘束力，除与启动审查程序的案件类似、需要适用同样的条款并会导致不公正结果的情况外。

胡锦光教授在《论我国合宪性审查机制中不同主体的职能定位》一文中指出，全国人大应当依据宪法制定专门的《合宪性审查程序法》或者《宪法监督法》，统一规定包括合宪性审查主体及协助主体在内的有关合宪性审查程序问题。因为其一，"现行有关合宪性审查程序的规定散见于立法法、监督法、全国人大组织法、全国人大议事规则、全国人大常委会议事规则、地方组织法以及《法规、司法解释备案审查工作办法》之中，欠缺体系性且易于形成冲突"。其二，"目前合宪性审查的主要依据是委员长会议制定的《法规、司法解释备案审查工作办法》，而该工作办法的法律性质并不明确"。①

---

① 胡锦光：《论我国合宪性审查机制中不同主体的职能定位》，载《法学家》2020 年第 5 期。

参考文献

一、著作

1. Richard. H. Jr. Fallon，Implementing the Constitution，Harvard University Press，2001.

2. ［日］芦部信喜:《宪法(第六版)》,林来梵等译,清华大学出版社。

3. ［英］A.V. 戴雪:《英国宪法研究导论》,何永红译,商务印书馆 2020 年版。

4. ［德］马丁·海德格尔:《存在与时间》,陈嘉映、王庆节译,生活·读书·新知三联书店 1987 年版。

5. ［美］理查德·罗蒂:《哲学与自然之镜》,生活·读书·新知三联书店 1987 年版。

6. 《宪法学》编写组:《宪法学》,高等教育出版社、人民出版社 2011 年版。

7. 蔡定剑:《中国人民代表大会制度》(第四版),法律出版社 2003 年版。

8. 董和平、韩大元、李树忠:《宪法学》,法律出版社 2000 年版。

9. 范进学:《美国司法审查制度》,中国政法大学出版社 2011 年版。

10. 韩大元、张翔等:《宪法解释程序研究》,中国人民大学出版社 2016 年版。

11. 韩大元:《1954 年宪法的制定过程》,法律出版社 2014 年版。

12. 胡建淼主编:《世界宪法法院制度研究》,浙江大学出版社 2007 年版。

13. 胡锦光:《中国宪法问题研究》,新华出版社 1998 年版。

14. 陈云生:《民主宪政新潮》,人民出版社 1988 年版。

15. 李忠:《宪法监督论》,社会科学文献出版社 1999 年版。

16. 全国人大常委会法工委法规备案审查室编著:《规范性文件备案审查案例选编》,中国民主法制出版社 2020 年版。

17. 王书成:《合宪性推定论:一种宪法方法》,清华大学出版社 2011 年版。

18. 张汝伦:《意义的探究——当代西方释义学》,辽宁人民出版社 1987 年版。

19. 中央文献研究室编:《邓小平年谱(1975—1997)》(下),中央文献出版社

2004 年版。

二、文章

1. Donald P. Kommers, "Germany: Balancing Rights and Duties" in Jeffrey Goldsworthy ed., Interpreting Constitution: A Comparative Study (Oxford University Press, 2007) 161, 176, 193.

2. Lawrence Gene Sager, The Legal Status of Underenforced Constitutional Norm, 91 Harvard Law Review 1212(1978).

3. Richard. H. Jr. Fallon, Implementing the Constitution, 111 Harvard Law Review 54(1997).

4. [法]杰哈·马库:《法国"违宪先决问题"之制度与实务》,李鏻潋译,载《交大法学》2014 年第 1 期。

5. 包万超:《设立宪法委员会和最高法院违宪审查庭并行的复合审查制——完善我国违宪审查制度的另一种思路》,载《法学》1998 年第 4 期。

6. 蔡定剑:《我国宪法监督制度探讨》,载《法学研究》1989 年第 3 期。

7. 蔡定剑:《宪法实施的概念与宪法施行之道》,载《中国法学》2004 年第 1 期。

8. 蔡定剑:《中国宪法司法化路径探索》,《法学研究》2005 年第 5 期。

9. 陈晓枫:《宪法监督模式论》,载《武汉大学学报》1998 年第 3 期。

10. 陈玉山:《法律案合宪性审查的程序、事项与方法》,载《环球法律评论》2020 年第 1 期。

11. 陈云生:《改善和加强我国宪法监督制度的几点设想》,载《当代法学》1988 年第 2 期。

12. 陈云生:《论宪法解释的效力:一个反思性研讨》,载《浙江社会科学》2008 年第 9 期。

13. 程湘清:《关于宪法监督的几个有争议的问题》,载《法学研究》1992 年第 4 期。

14. 范进学:《建构以权利救济为核心的宪法实施制度》,载《法学论坛》2016 年第 2 期。

15. 范进学:《论中国特色社会主义新时代下的宪法修改》,载《学习与探索》2018 年第 3 期。

16. 范进学:《全国人大宪法和法律委员会的功能与使命》,载《华东政法学院学报》2018 年第 4 期。

17. 范进学:《论〈合宪性审查程序法〉的制定与起草》,载《苏州大学学报》2019 年第 3 期。

18. 付子堂:《美国、法国和中国宪法监督模式之比较》,载《法学》2000 年第 5 期。

19. 郭春涛:《论违宪》,载《徐州师范大学学报》1997 年第 1 期。

20. 韩大元:《从法律委员会到宪法和法律委员会:体制与功能的转型》,载《华东政法大学学报》2018 年第 4 期。

21. 韩大元：《关于推进合宪性审查工作的几点思考》，载《法律科学》2018 年第 2 期。

22. 韩大元：《宪法实施与中国社会治理模式的转型》，载《中国法学》2012 年第 4 期。

23. 郝铁川：《论良性违宪》，载《法学研究》1996 年第 4 期。

24. 何华辉：《论宪法监督》，载《武汉大学学报》1982 年第 1 期。

25. 赫然：《我国宪法实施的制度路径》，载《吉林日报》2015 年 3 月 3 日，第 8 版。

26. 胡锦光：《婚检规定宜引入合宪性审查》，载《法学》2005 年第 9 期。

27. 胡锦光：《论合宪性审查的"过滤"机制》，载《中国法律评论》2018 年第 1 期。

28. 胡锦光：《论设立"宪法和法律委员会"的意义》，载《政法论丛》2018 年第 3 期。

29. 胡锦光：《论我国合宪性审查机制中不同主体的职能定位》，载《法学家》2020 年第 5 期。

30. 胡锦光：《违宪审查与相关概念辨析》，载《法学杂志》2006 年第 4 期。

31. 胡肖华：《展望中国宪法法院》，载《比较法研究》1989 年第 1 期。

32. 黄明涛：《具体合宪性审查的必要性及其制度空间》，载《比较法研究》2020 年第 5 期。

33. 黄明涛：《两种"宪法解释"的概念分野与合宪性解释的可能性》，载《中国法学》2014 年第 6 期。

34. 黄明涛：《最高人民法院与具体审查——合宪性审查要求权的制度建构》，载《中国法律评论》2020 年第 1 期。

35. 季卫东：《合宪性审查与司法权的强化》，载《中国社会科学》2002 年第 2 期。

36. 贾宇：《宪法实施的主要路径》，载《人民法院报》2014 年 12 月 4 日，第 5 版。

37. 江国华、彭超：《中国宪法委员会制度初论》，载《政法论丛》2016 年第 1 期。

38. 江国华：《实质合宪论：中国宪法三十年演化路径的检视》，载《中国法学》2013 年第 4 期。

39. 康大民：《建议设立宪法法院》，载《法学杂志》1981 年第 2 期。

40. 李滨：《法国违宪审查制度探析》，载《北方法学》2008 年第 3 期。

41. 李步云：《建立宪法监督制度正当其时》，载《中国党政干部论坛》2014 年第 8 期。

42. 李毅：《美国联邦最高法院的司法审查权》，载《法学杂志》1999 年第 1 期。

43. 李忠：《关于建立宪法监督制度的几个理论问题》，载《河北法学》1998 年第 2 期。

44. 李忠夏：《合宪性审查制度的中国道路与功能展开》，载《法学研究》2019 年第 6 期。

45. 梁鹰：《2019 年备案审查工作情况报告述评》，载《中国法律评论》2020 年第 1 期。

46. 林来梵：《合宪性审查的宪法政策论思考》，载《法律科学》2018 年第 2 期。

47. 林来梵：《中国的"违宪审查"：特色及生成实态》，载《浙江社会科学》2010 年第 5 期。

48. 刘国：《我国宪法实施与释宪机制的完善探析》，载《法学评论》2016 年第 2 期。

49. 刘桓：《健全我国宪法实施的监督制度》，载《中南政法学院学报》1987 年第 2 期。

50. 刘惊海：《宪法实施的特点、条件、过程、结果》，载《当代法学》1988 年第 2 期。

51. 刘连泰：《中国合宪性审查的宪法文本实现》，载《中国社会科学》2019 年第 5 期。

52. 刘松山：《备案审查、合宪性审查和宪法监督需要研究解决的若干重要问题》，载《中国法律评论》2018 年第 4 期。

53. 刘松山：《健全宪法监督制度之若干设想》，载《法学》2015 年第 4 期。

54. 刘松山：《彭真与宪法监督》，载《华东政法大学学报》2011 年第 5 期。

55. 刘志刚：《论我国合宪性审查机构与合宪性审查对象的衔接》，载《苏州大学学报》2019 年第 3 期。

56. 柳岚生：《略论宪法监督》，载《社会科学》1981 年第 3 期。

57. 卢群星：《隐性立法者：中国立法工作者的作用及其正当性难题》，载《浙江大学学报》2013 年第 2 期。

58. 罗晓军：《设立宪法监督委员会刍议》，载《政法论坛》2002 年第 2 期。

59. 马岭：《"违宪审查"相关概念之分析》，载《法学杂志》2006 年第 3 期。

60. 苗连营：《关于设立宪法监督专责机构的设想》，载《法商研究》1998 年第 4 期。

61. 苗连营：《宪法实施的观念共识与行动逻辑》，载《法学》2013 年第 11 期。

62. 莫纪宏：《论加强合宪性审查工作的机制制度建设》，载《广东社会科学》2018 年第 2 期。

63. 莫纪宏：《宪法实施状况的评价方法及其影响》，载《中国法学》2012 年第 4 期。

64. 皮纯协、任志宽：《完善宪法监督保障制度》，载《政治与法律》1986 年第 4 期。

65. 秦前红、底高扬：《合宪性审查在中国的四十年》，载《学术界》2019 年第 4 期。

66. 秦前红：《设立宪法委员会与完善宪法监督制度》，载《理论视野》2017 年第 2 期。

67. 任进：《建立健全宪法保障制度的若干构想》，载《国家行政学院学报》2000 年第 3 期。

68. 上官丕亮：《当下中国宪法司法化的路径与方法》，载《现代法学》2008 年第 2 期。

69. 上官丕亮：《法律适用中的宪法实施：方式、特点及意义》，载《法学评论》2016 年第 1 期。

70. 上官丕亮：《完善人大宪法监督制度三建议》，载《人大研究》2016 年第 9 期。

71. 上官丕亮：《宪法文本中的"宪法实施"及其相关概念辨析》，载《国家检察官学院学报》2012 年第 1 期。

72. 沈岿：《宪法规范层次论：一种解释方法》，载《清华法学》2012 年第 5 期。

73. 孙谦、胡永革：《宪法监督制度比较研究》，载《天津社会科学》1984 年第 6 期。

74. 孙育玮：《论我国宪法实施的全方位保障》，载《求是学刊》1989 年第 6 期。

75. 孙煜华，童之伟：《让中国和现行审查制形成特色并行之有效》，载《法律科学》2018 年第 2 期。

76. 谭清值：《合宪性审查的地方制度构图》，载《政治与法律》2020 年第 2 期。

77. 田伟：《规范合宪性审查决定的类型与效力》，载《中国法律评论》2020 年第 1 期。

78. 田伟：《宪法和法律委员会规范合宪性审查的程序类型》，载《华东政法大学学报》2018 年第 4 期。

79. 王锴：《合宪性、合法性、适当性审查的区别与联系》，载《中国法学》2019 年第 1 期。

80. 王磊：《宪法的司法化——二十一世纪中国宪法研究的基本思路》，载《法学家》2000 年第 3 期。

81. 王理万：《立法官僚化——理解中国立法过程的新视角》，载《中国法律评论》2016 年第 2 期。

82. 王叔文：《论宪法实施的保障》，载《中国法学》1992 年第 6 期。

83. 王蔚：《客观法秩序与主观利益之协调——我国合宪性审查机制之完善》，载《中国法律评论》2018 年第 1 期。

84. 王玉芳：《先决裁判制度：欧洲一体化进程中的一张王牌》，载赵海峰，金邦贵编，《欧洲法通讯》（第四辑），法律出版社 2003 年版。

85. 吴家麟：《论设立宪法监督机构的必要性和可行性》，载《法学评论》1991 年第 2 期。

86. 谢立斌：《论法院对基本权利的保护》，载《中国法学》2012 年第 2 期。

87. 谢维雁：《论宪法的司法化》，载《西南民族学院学报》2000 年第 12 期。

88. 徐炳：《美国司法审查制度的起源——马伯里诉麦迪逊案述评》，载《外国法译评》1995 年第 1 期。

89. 徐秀义、胡文革：《谈谈宪法监督制度》，载《学习与研究》1985 年第 8 期。

90. 许崇德：《"宪法司法化"质疑》，载《中国人大》2006 年第 6 期。

91. 许崇德：《我国宪法与宪法的实施》，载《法学家》1998 年第 6 期。

92. 于沛林：《完善我国宪法监督制度的思考》，载《辽宁师范大学学报》1994 年第 3 期。

93. 于文豪：《宪法和法律委员会合宪性审查职能的展开》，载《中国法学》2018 年第 6 期。

94. 于文豪：《宪法和法律委员会是宪法实施的关键细节》，载《人民法治》2018 年第 Z1 期。

95. 张莉：《法国违宪审查制度的历史发展与特征》，载莫纪宏主编：《违宪审查的理论与实践》，法律出版社 2006 年版。

96. 张庆福、莫纪宏：《关于我国的宪法监督制度》，载《人大工作通讯》1994 年第 20 期。

97. 张友渔：《进一步研究新宪法，实施新宪法》，载《中国法学》1984 年第 1 期。

98. 甄树青：《宪法监督专门机构刍议》，载《河南大学学报》1996 年第 4 期。

99. 郑磊、赵计义：《2019 年备案审查年度报告评述》，载《中国法律评论》2020 年第 2 期。

100. 郑贤君：《全国人大宪法和法律委员会的双重属性——作为立法审查的合宪性审查》，载《中国法律评论》2018 年第 4 期。

101. 郑贤君：《宪法实施：解释的事业——政治理论的宪法解释图式》，载《法学杂志》2013 年第 12 期。

102. 郑贤君：《作为政治审查的合宪性审查》，载《湖北科技大学学报》2018 年第 5 期。

103. 钟国允：《论法国宪法委员会之组织及其合宪性审查程序》，载《宪政时代》第 28 卷第 1 期。

104. 周伟：《启动宪法监督：健全宪法监督机构的路径选择》，载《理论与改革》2014 年第 6 期。

105. 周伟：《完善我国宪法监督制度研究》，载《社会科学》2004 年第 5 期。

106. 周叶中、刘鸿章：《加强宪法监督 建设法治国家》，载《武汉大学学报》1999 年第 6 期。

107. 周叶中：《宪法实施：宪法学研究的一个重要课题》，载《法学》1987 年第 5 期。

108. 周长鲜：《论人大专门委员会的性质和法律定位》，载《人大研究》2017 年第 4 期。

109. 庄友刚：《"理解"与"认识"——论解释学与认识论研究对象的区别》，载《苏州大学学报》2002 年第 2 期。

110. 邹平学：《宪法和法律委员会的目标定位与机制创新》，载《中国法律评论》2018 年第 4 期。

三、网络资料

1. "党的十九届四中全会要求'落实宪法解释程序机制'首个正式宪法解释案值得期待"，法制网，来源网址：http://epaper.legaldaily.com.cn/fzrb/content/20191210/Articel06002GN.htm，最后访问日期：2020 年 6 月 12 日。

2.《全国人大常委会的办事机构和工作机构》，来源网址：http://www.npc.gov.cn/zgrdw/pc/11_5/2008－01/31/content_1686584.htm，最后访问日期：2020 年 5 月 11 日。

3. 梁鹰:"备案审查有关问题的探讨",载浙江暨浙江大学立法研究院:《"合宪性视野下的备案审查"研讨会全程记录(上)》,来源网址:https://mp.weixin.qq.com/s?_biz = MzU1MTc3NzExMA = = &mid = 2247484354&idx = 2&sn = 0e7c53aa54178c66d34b862d6a52eacc&chksm = fb8d65…,最后访问日期:2020 年 5 月 11 日。

4. 王建学:《法国抗击新冠疫情法律部分违宪案》,载中国宪治网,来源网址:http://www.calaw.cn/article/default.asp? id = 13714,最后访问日期:2020 年 6 月 4 日。

图书在版编目(CIP)数据

宪法监督制度研究/张玉洁著.—上海:上海人
民出版社,2021
(宪法实施、教育和监督研究丛书)
ISBN 978-7-208-17173-2

Ⅰ.①宪…　Ⅱ.①张…　Ⅲ.①宪法-司法监督-研究
-中国　Ⅳ.①D921.04

中国版本图书馆 CIP 数据核字(2021)第 139993 号

责任编辑　冯　静
封面设计　一本好书

宪法实施、教育和监督研究丛书
宪法监督制度研究
张玉洁　著

出　　版　上海人民出版社
　　　　　(200001　上海福建中路 193 号)
发　　行　上海人民出版社发行中心
印　　刷　常熟市新骅印刷有限公司
开　　本　720×1000　1/16
印　　张　12.25
插　　页　2
字　　数　154,000
版　　次　2021 年 8 月第 1 版
印　　次　2021 年 8 月第 1 次印刷
ISBN 978-7-208-17173-2/D·3785
定　　价　55.00 元